THÈSE
POUR LE DOCTORAT

L'acte public sur les matières ci-après sera présenté et soutenu le mercredi 10 juillet 1861, à midi,

PAR

DE WEGMANN (Jules-Louis-Ferdinand),

Né à Prangins (canton de Vaud, Suisse).

PRÉSIDENT : M. ORTOLAN, *Professeur.*

SUFFRAGANTS
{ MM. PELLAT, } *Professeurs.*
DURANTON,
COLMET DE SANTERRE, } *Suppléants.*
DEMANGEAT,

Le candidat répondra en outre aux questions qui lui seront faites sur les autres matières de l'enseignement.

PARIS
TYPOGRAPHIE HENNUYER, RUE DU BOULEVARD, 7.
1861

THÈSE

POUR LE DOCTORAT

L'acte public sur les matières ci-après sera présenté et soutenu le mercredi 10 juillet 1861, à midi,

PAR

DE WEGMANN (Jules-Louis-Ferdinand),

Né à Prangins (canton de Vaud, Suisse).

PRÉSIDENT : M. ORTOLAN, *Professeur.*

SUFFRAGANTS
{ MM. PELLAT,
DURANTON, } *Professeurs.*
COLMET DE SANTERRE, } *Suppléants.*
DEMANGEAT,

Le candidat répondra en outre aux questions qui lui seront faites sur les autres matières de l'enseignement.

PARIS

TYPOGRAPHIE HENNUYER, RUE DU BOULEVARD, 7.

1861

A LA MÉMOIRE DE MON PÈRE

—

A MA MÈRE

AVANT-PROPOS.

—

1. L'étude des différents modes par lesquels s'acquiert le droit de propriété peut être divisée en deux parties principales, dont l'une comprend l'étude des *modes originaires* d'acquisition, et la seconde l'étude des *modes dérivés*.

On sait que, dans la langue des commentateurs, les modes originaires sont ceux dans lesquels le droit qui s'acquiert est indépendant de tout droit antérieur. Tels sont, par exemple, l'occupation et l'usucapion. Dans les modes dérivés, au contraire, l'acquisition dépend essentiellement de la préexistence du droit acquis chez une personne qui en fait abandon au profit de l'acquéreur. Le même droit change, pour ainsi dire, de mains, et l'on peut dire que celui qui acquiert succède au droit de celui qui aliène. C'est pourquoi les modes dérivés d'acquisition prennent aussi le nom de *successions*.

Les successions se divisent, à leur tour, en successions *à titre universel* et *à titre singulier*.

Parmi ces dernières, il en est qui s'opèrent par la seule volonté de la loi, sans le concours des personnes entre lesquelles la translation s'accomplit. Ainsi, en droit romain, dans le cas d'adjudication, par exemple, la propriété était transférée indépendamment de tout acte de la volonté de l'ancien ou du nouveau propriétaire. De même, d'après l'ancien droit romain, comme d'après notre droit actuel, le légataire acquérait, même à son insu, la propriété des choses léguées [1].

---

[1] Telle était l'opinion des Sabiniens. « Sabinus quidem et Cassius « ceterique nostri præceptores, quod ita (per vindicationem) legatum « sit, statim post aditam hereditatem putant fieri legatarii, etiam si « ignoret sibi legatum esse dimissum. » Gaïus, *Inst.* II, 195.

1

Il est, au contraire, des cas où la translation de la propriété s'accomplit en vertu du concours de la volonté du cédant et de celle de l'acquéreur. Ces cas, qui sont les plus nombreux, se produisent, non-seulement toutes les fois où il intervient entre les parties un contrat par lequel l'une s'oblige à transférer à l'autre la propriété, comme dans le cas de vente, de donation, d'échange, de *mutuum*, mais encore toutes les fois qu'une personne est obligée à transférer la propriété à une autre, même sans avoir consenti à contracter cette obligation, comme dans le cas d'un legs *per damnationem*, par exemple, d'un abandon noxal ou d'un jugement.

Les successions qui résultent ainsi de l'obligation de transférer la propriété, et qui s'opèrent en vertu du consentement réciproque du cédant et de l'acquéreur, forment ce que j'appellerai les cas de *translation conventionnelle* du droit de propriété, par opposition au cas de *translation légale* [1].

Dans le travail que j'entreprends ici, j'ai le dessein de traiter spécialement de la translation conventionnelle du droit de propriété, en droit romain et en droit français ancien et moderne.

---

[1] L'expression de *transitus legalis* se rencontre chez les commentateurs pour désigner les cas de translation opérée en vertu de la loi. On ne trouve pas d'expression correspondante pour désigner le cas de translation conventionnelle.

DROIT ROMAIN.

PRÉLIMINAIRES.

2. La simple volonté d'aliéner et d'acquérir ne suffisait point en droit romain pour opérer la translation du droit de propriété. Il fallait que cette double volonté fût mise extérieurement en évidence par l'accomplissement de l'un des actes auxquels le droit attribuait l'effet translatif [1].

Ces actes, au nombre de trois, étaient la cession *in jure*, la mancipation et la tradition. Les deux premiers appartenaient au droit civil, et le troisième au droit des gens. *Ergo apparet*, dit Gaïus [2], *quædam naturali jure alienari, quædam civili*.

Il y avait, dans l'ancien droit, une triple différence entre les actes du droit civil et ceux du droit des gens :

1° *A l'égard des personnes ;* les actes du droit civil ne pouvaient être accomplis que par les citoyens romains, les Latins et les pérégrins jouissant du *jus commercii ;*

2° *A l'égard des choses ;* les actes du droit civil n'étaient pas applicables aux fonds situés hors du territoire italique ;

3° *A l'égard du droit transmis ;* les actes du droit civil étaient originairement les seuls qui pussent transférer la propriété quiritaire.

---

[1] « Quod enim alterius fuit, id ut fiat meum, necesse est aliquid in-
« tercedere. » Varro, *de Re rustica*, II, 1.
Le même principe est posé par la loi 20 C. *de Pactis* (2, 3).
[2] *Inst.* II, 65.

Ce dernier point est vivement contesté. Plusieurs auteurs, tant en France qu'en Allemagne, soutiennent que la tradition, et en général tous les modes d'acquisition du droit des gens, originaires ou dérivés, ont pu, dès les époques les plus reculées du droit romain, conduire à l'acquisition de la propriété quiritaire.

L'opinion contraire me paraît cependant mieux fondée.

Gaïus nous apprend que l'ancien droit romain ne connaissait que la propriété quiritaire [1]. Il faudrait donc, dans le système que je combats, admettre que les modes du droit des gens conduisaient originairement, dans tous les cas, à la propriété quiritaire, et que plus tard seulement on ne leur accorda cet effet qu'à l'égard d'une certaine catégorie d'objets (les choses *nec mancipi*). Le nouveau droit aurait été ainsi plus rigoureux que l'ancien. Ce résultat serait en contradiction manifeste avec l'esprit général de l'histoire du droit romain. On peut se demander, d'ailleurs, quelle raison d'être auraient eue les modes d'acquisition du droit civil, si les modes du droit des gens, dont l'emploi était incomparablement plus simple et plus commode, avaient pu produire les mêmes effets. Il paraît donc plus rationnel d'admettre qu'originairement la propriété quiritaire ne pouvait être acquise que par l'un des actes du droit civil. La rigueur de ce principe était tempérée par l'institution de l'usucapion, dont l'origine dut être précisément attribuée à la nécessité bientôt sentie de légitimer les acquisitions qui n'avaient pas été faites à l'aide de la cession *in jure* ou de la mancipation. On chercha plus tard à élargir encore davantage le cercle des transactions, en donnant au droit résultant des acquisitions faites au moyen de l'un des actes du droit des gens une partie des attributs de la propriété. Enfin, la règle fut complétement abandonnée, sauf en ce qui concerne les choses *mancipi*, qui, par des raisons dont l'examen trouvera place plus loin, continuèrent à ne pouvoir être acquises que

[1] *Inst.* II, 40.

par l'un des actes du droit civil. L'exception faite au sujet des choses *mancipi* se présente alors comme un débris de la rigueur de l'ancien droit, et non comme une rigueur nouvelle qui aurait soustrait toute une classe d'objets à l'application des principes du droit commun.

Sous Justinien, les dernières différences entre la propriété *in bonis* et la propriété quiritaire ayant été supprimées, les actes du droit civil, qui perdaient ainsi toute raison d'être, disparurent également. La tradition fut seule conservée comme acte opérant la translation conventionnelle du droit de propriété.

PREMIÈRE PARTIE.

ACTES DU DROIT CIVIL.

---

3. La cession juridique (*cessio in jure*) est probablement le plus ancien des actes translatifs du droit civil. Gaïus le décrit en ces termes :

« In jure cessio hoc modo fit apud magistratum populi
« romani, vel apud prætorem, vel apud præsidem provin-
« ciæ : is cui res in jure ceditur, rem tenens, ita dicit : Hunc
« ego hominem ex jure Quiritium meum esse aio ; deinde,
« postquam hic vindicaverit, prætor interrogat eum qui
« cedit an contra vindicet : quo neganto aut tacente, tunc
« ei qui vindicaverit eam rem addicit. » Gaïus, *Inst.* II, 24.

Ulpien la définit plus succinctement en ces termes :

« In jure cessio fit per tres personas : in jure cedentis,
« vindicantis, addicentis. In jure cedit dominus, vindicat is
« cui ceditur, addicit prætor. » Ulp., *Reg.* IX, 10.

Il y a une analogie évidente et remarquable entre la forme de cet acte et celle de l'ancienne action de la loi appelée *manus consertio*, qui servait] autrefois à la revendication du droit de propriété. La translation de la propriété s'opérait ainsi par la reconnaissance solennelle du droit de l'acquéreur faite par le magistrat. Cette forme était en parfaite harmonie avec les idées consacrées par le droit romain primitif, selon lequel l'Etat était la source unique de toute propriété. Le cédant ne jouait dans la cession juridique qu'un rôle purement passif ; il se bornait à ne pas contredire l'assertion solennelle (*hunc hominem meum esse aio*) par laquelle l'acquéreur affirmait son droit de propriété sur la chose cédée.

La cession *in jure* devait originairement, ainsi que la

manus consertio, s'accomplir en présence de l'objet cédé, et, par conséquent, sur le lieu même de la situation, quand il s'agissait d'immeubles. Aulu-Gelle [1] nous apprend que plus tard on ne s'astreignit plus à cette nécessité et que l'on se contenta de représenter symboliquement les immeubles devant le magistrat par un simple fragment, tel qu'une tuile pour une maison, ou une glèbe pour un fonds de terre.

4. La mancipation (*mancipatio*) était également un acte du droit civil, servant à transférer la propriété, mais s'accomplissant sans l'intervention du magistrat. Gaïus donne de cet acte la description suivante :

« Est autem mancipatio, ut supra quoque diximus, ima-
« ginaria quædam venditio ; quod et ipsum jus proprium
« civium romanorum est, eaque res ita agitur : adhibitis
« non minus quam quinque testibus civibus romanis pube-
« ribus, et præterea alio ejusdem conditionis qui libram
« æneam teneat, qui appellatur libripens; is qui mancipio ac-
« cipit, rem tenens, ita dicit : Hunc ego hominem ex jure Quiri-
« tium meum esse aio, isque mihi emptus est hoc ære ænea-
« que libra. Deinde ære [2] percutit libram, idque æs dat ei a
« quo mancipio accipit, quasi pretii loco. » *Inst.* I, 119.

L'acte figurait ici, comme on le voit, une vente opérée en présence de témoins. C'était encore l'acquéreur qui jouait dans cet acte le rôle principal, c'était lui qui prononçait les paroles solennelles par lesquelles il énonçait le droit résultant pour lui de la vente symbolique qui s'accomplissait. Le cédant n'avait qu'un rôle passif ; son adhésion ne se manifestait que par son silence et par l'acceptation de la pièce de cuivre qui lui était donnée en guise de prix.

La mancipation des objets mobiliers ne pouvait s'accomplir qu'en présence de ces objets. Celle des immeubles pouvait s'opérer même à distance [3].

---

[1] *Noct. attic.* XX, 10.

[2] « Æs raudus dictum ex eo veteribus in mancipiis scriptum : rau-
dusculo libram ferito. » Varr., *de Ling. lat.*, V, 163.

[3] Gaïus, *Inst.* I, 121. — Ulp., XIX, 6.

La mancipation, comme, au surplus, la cession juridique, transférait la propriété sans déplacer la possession, au moins en ce qui concernait les immeubles. Il en résultait que dans la vente, par exemple, l'accomplissement de la mancipation ne constituait qu'une partie de la délivrance, et Gaïus nous a conservé la prescription *pro actore*, à l'aide de laquelle celui qui demandait par l'action *empti* que l'objet vendu lui fût mancipé, se réservait d'agir plus tard par la même action pour obtenir la remise de la possession [1]. La tradition est aussi fréquemment indiquée comme complément de la mancipation à l'égard des aliénations à titre gratuit sous l'empire de la loi Cincia [2].

La mancipation des choses mobilières en déplaçait ordinairement la possession, puisque l'objet cédé devait être appréhendé par l'acquéreur. Cet acquéreur, en appréhendant la chose mancipée, devenait ordinairement à la fois possesseur de fait et d'intention. L'acquisition de la propriété pouvait cependant être quelquefois indépendante de celle de la possession. Ce cas se présentait lorsqu'il s'agissait, par exemple, de la mancipation d'une chose tenue en gage par un tiers. Si l'acquéreur consentait à ce que cette chose restât en gage, il en laissait la possession entre les mains du créancier, et l'appréhension faite au moment de la mancipation n'opérait pas le déplacement de la possession civile.

5. La cession juridique servait à transférer la propriété quiritaire de toute espèce d'objets. La mancipation n'était, au contraire, applicable qu'à une certaine catégorie d'objets qui sont réunis dans les textes sous la dénomination commune de *res mancipi* [3], par opposition à tous les autres objets désignés sous le nom de *res nec mancipi*. L'origine et le

---

[1] « Ea res agatur de fundo mancipando. » Gaïus, *Inst.* IV, 131.

[2] *Fragm. Vat.* 313. — L. 4 C. Theod. *de Donationibus* (8, 12).

[3] Ces objets étaient : 1° les immeubles, fonds de terre ou maisons ; 2° les esclaves et, par extension, les hommes libres ; 3° les bêtes de somme (quadrupedes quæ dorso collove premuntur) ; 4° les servitudes rurales. Gaïus, *Inst.* I, 120 ; II, 15, 17. — Ulp., *Reg.* XIX, 1.

séns véritable de la distinction faite entre les choses *mancipi*
et *nec mancipi* est une des questions les plus controversées
de l'histoire du droit romain.

Au temps de Gaïus et d'Ulpien, les choses *mancipi* diffè-
rent des choses *nec mancipi*, en ce que la propriété quiritaire des premières ne peut s'aliéner qu'à l'aide de l'un des
modes du droit civil, tandis que la propriété quiritaire des
choses *nec mancipi* peut être transférée, soit par l'un des
modes du droit civil, soit par simple tradition. Ainsi, la tradition d'une chose *nec mancipi* rendait l'acquéreur propriétaire *ex jure Quiritium*, tandis que la tradition d'une chose
mancipi ne lui conférait que la propriété imparfaite appelée
domaine bonitaire par les commentateurs. On part ordinairement de cette définition pour enseigner que les choses
mancipi étaient celles auxquelles les Romains attachaient
un prix particulier ou une importance politique spéciale, et
dont l'aliénation était, par suite, entourée d'une plus grande
solennité. Cette explication est évidemment insuffisante; car
elle ne rend pas compte de la relation qui existait entre la
mancipation et les choses *mancipi*. La difficulté consiste
précisément à trouver la raison de la qualification de *res
mancipi*, donnée à une catégorie d'objets qui pouvaient être
aussi bien aliénés à l'aide de la cession juridique que de la
mancipation. La solution de cette difficulté ne semble possible qu'en se reportant à une période du droit antérieure à
celle dans laquelle ont été composés les ouvrages de Gaïus
et d'Ulpien.

Lorsque l'on compare entre eux les deux actes translatifs
du droit civil, il est aisé d'apercevoir que tous deux n'ont
pas une origine également ancienne. La cession juridique,
qui fait dépendre l'acquisition de la propriété de l'addiction
opérée par le magistrat, semble présenter un caractère bien
plus ancien que la mancipation, dont l'accomplissement se
réduisait aux formalités d'une simple vente symbolique,
opérée, sans l'assistance du magistrat, par-devant témoins.
Il serait d'ailleurs difficile d'expliquer comment deux formes

ayant exactement le même objet et les mêmes effets auraient
pris simultanément naissance.

On doit donc regarder comme probable que la mancipation date d'une époque encore reculée sans doute, mais cependant récente en comparaison de celle à laquelle remonte
l'origine de la cession *in jure*. Il n'est maintenant pas difficile d'imaginer quel motif a fait admettre la mancipation à
côté de la cession *in jure*.

La propriété quiritaire étant la seule qui fût autrefois légalement reconnue, et la cession *in jure* le seul acte qui pût la
faire acquérir, il en résultait que toutes les aliénations, même
les moins importantes, devaient être opérées par-devant le
magistrat, ce qui était possible aussi longtemps que les
transactions furent rares et peu actives, mais ce qui a dû
paraître extrêmement incommode à mesure que les relations
sociales s'étendirent et se développèrent. La cession juridique
avait, en outre, l'inconvénient de rendre impossible toute
acquisition par les esclaves ou par les fils de famille [1]. On
comprend dès lors facilement que l'usage ait graduellement
introduit l'emploi d'un autre acte translatif, et que le droit
civil ait fini par consacrer l'emploi de la mancipation, dont
les formes plus simples favorisaient éminemment la célérité
des aliénations [2]. Toutefois, la mancipation ne fut pas assimilée complétement à la cession *in jure*, on trouva suffisant
d'en permettre l'application à une certaine catégorie de
choses, qui formaient les objets les plus habituels des transactions. Ces choses furent désignées par la qualification de
res mancipi, et cette qualification était parfaitement légitime,
puisque le privilége spécial des choses *mancipi* était de pouvoir
être aliénées à l'aide de la mancipation, sans qu'il fût nécessaire de recourir à la cession *in jure*. Les choses *nec mancipi*
étaient celles qui étaient restées soumises à l'ancien droit et

---

[1] Gaïus, *Inst.* II, 96.

[2] Les esclaves et les fils de famille pouvaient acquérir pour le chef
de la famille par la mancipation. Gaïus nous donne la formule qui
était employée dans ce cas. *Inst.* III, 167.

dont la propriété quiritaire ne pouvait être acquise qu'au moyen de la cession juridique.

A mesure que le droit des gens pénétra de plus en plus l'ancien droit romain, l'usage tendit à donner à la tradition l'effet de transférer la propriété quiritaire. L'emploi de la tradition dut paraître particulièrement désirable à l'égard des choses *nec mancipi*, qui, n'ayant pas été admises au bénéfice de la mancipation, ne pouvaient être aliénées sans être cédées *in jure*. Aussi, la tradition ne fut-elle admise que partiellement, et seulement à l'égard des choses *nec mancipi*. On arrive ainsi à l'état dans lequel le droit se trouvait à l'époque de Gaïus et d'Ulpion. La distinction entre les choses *mancipi* et les choses *nec mancipi* était maintenue, mais avec une signification inverse de celle qu'elle avait originairement. Autrefois, les choses *mancipi* étaient celles qui jouissaient d'un droit plus favorable. Dans le nouvel état du droit, c'étaient, au contraire, les choses *nec mancipi* qui jouissaient du régime le plus large, puisqu'elles pouvaient être aliénées, soit par l'un des actes du droit civil, soit à l'aide de la tradition, tandis que les choses *mancipi* ne pouvaient être aliénées qu'au moyen de la cession juridique ou de la mancipation. On peut dès lors aisément concevoir comment, en ne s'attachant qu'au dernier état du droit, les jurisconsultes romains eux-mêmes aient considéré les choses *mancipi* comme ayant été entourées par le droit d'une protection particulière, en raison du prix spécial qui leur était attaché[1]. Si l'explication que je propose d'après M. Puchta[2] est exacte, ce n'est pas une protection plus efficace, mais au contraire une exemption des règles restrictives ordinaires que l'ancien droit aurait accordée aux choses *mancipi*, et cette faveur aurait eu pour motif, non pas la valeur ou l'importance spéciale de ces choses, mais leur caractère usuel, qui en avait fait l'objet le plus ordinaire des transactions de chaque jour.

La discussion que je viens de présenter n'intéresse pas

[1] Gaïus, *Inst.* I, 192.
[2] *Curs. der Inst.*, § 238.

seulement l'histoire primitive du droit romain ; elle peut servir à donner la solution d'une autre question qui est également très-controversée. Nos textes nous apprenent bien que les choses *mancipi* ne peuvent être aliénées à l'aide de la tradition, mais ils ne nous font pas connaître si, réciproquement, la mancipation ne pouvait pas transférer la propriété d'une chose *nec mancipi*. La décision à prendre varie suivant le système que l'on adopte sur l'origine de la mancipation.

D'après l'opinion commune, qui attribue à la mancipation la même ancienneté qu'à la cession *in jure*, il est naturel d'attribuer également le même effet à chacun de ces deux actes, et de décider par suite que la mancipation était également applicable aux choses *mancipi* et *nec mancipi*.

Il faut décider le contraire, si l'on admet le système que j'ai défendu. Car, si la mancipation a été affectée spécialement à une certaine classe d'objets, il n'y a pas de raison pour en étendre les effets à des objets non compris dans cette classe[1]. Je ferai toutefois observer que la mancipation comportait la plupart du temps, surtout à l'égard des objets mobiliers, une véritable tradition et que, dans ce cas, la forme solennelle de cette tradition, ne pouvant évidemment nuire à son effet, il est à supposer que la mancipation d'une chose *nec mancipi* en transférait la propriété.

6. Les actes du droit civil n'étaient susceptibles d'aucune modalité. Leur effet ne pouvait être reculé jusqu'à l'expiration d'un délai, ou subordonné à l'accomplissement d'un événement futur et incertain. La propriété était toujours transférée purement et simplement, sans pouvoir être transmise à terme ou sans condition[2]. Les parties ne pouvaient

[1] On cite à l'appui de cette opinion ces paroles de Cicéron : Finge mancipio aliquem dedisse id quod mancipio dari non potest (*Top.* 10).

M. de Rudorff, dans ses notes sur Puchta (*Inst.*, § 238, note *r*), fait observer que déjà Boëce avait conclu de ce passage que la mancipation n'était pas applicable aux choses *nec mancipi*.

[2] L. 77, D. *d. R. J.* (50, 17). Ce texte, qui semble mutilé, devait sans doute, dans son état primitif, faire mention de la cession juridique.

pas non plus se faire représenter dans l'accomplissement des actes du droit civil. Les esclaves et les personnes soumises à un titre quelconque à la puissance d'autrui, acquéraient, il est vrai, pour leur maître, les biens qui leur étaient mancipés, mais ce fait n'était qu'une simple conséquence de la fiction en vertu de laquelle le maître devenait propriétaire, à raison de sa puissance, de tous les biens acquis par les personnes qui lui étaient soumises. On sait d'ailleurs que les esclaves et, en général, toutes les personnes *alieni juris* ne pouvaient point prendre part activement ou passivement à la cession *in jure*.

7. Les deux actes translatifs du droit civil n'ont pas été conservés dans le droit de Justinien. La cession juridique a disparu la première. Gaïus nous apprend que, de son temps, elle n'était plus que rarement employée [1]. Elle n'a été supprimée définitivement que par Constantin, en même temps que toutes les formules solennelles de l'ancien droit romain [2].

L'usage de la mancipation s'est prolongé plus longtemps. Justinien lui-même ne l'a pas explicitement abolie, mais il l'a mise indirectement hors d'usage, en supprimant l'ancienne distinction entre la propriété quiritaire et la propriété du droit des gens, ainsi que la distinction entre les choses *mancipi* et *nec mancipi* [3]. La mention de l'accomplissement des formalités de la mancipation paraît avoir été une des clauses de style dans les actes relatifs aux donations. La trace de cet usage nous a été conservée par une constitution de Justinien qui décide que l'omission des mentions de cette espèce ne doit en rien affecter la validité de ces actes [4].

---

[1] *Inst.* II, 25.

[2] « Juris formulæ aucupatione syllabarum insidiantes cunctorum « actibus radicitus amputentur. » L. 1, C. *de Form. et imp. act. subl.* (2, 58).

[3] L. un. Cod. *de Nud. jur. Quirit. toll.* (7, 25).

[4] « Verba superflua quæ in donationibus poni solebant, scilicet *ses-* « *tertii nummi unius,* assium quatuor, penitus esse rejicienda cense- « mus. » L. ult. C. *de Donat.* (8, 54).

DEUXIÈME PARTIE.

DE LA TRADITION.

------

§ 1.—De la tradition pure et simple.

8. La tradition, qui forme l'acte translatif du droit des gens, consiste dans la remise de la possession effectuée par le cédant à l'acquéreur. Ce dernier, en devenant possesseur, devient en même temps propriétaire, conformément à la doctrine professée par les jurisconsultes romains, et suivant laquelle la possession doit être considérée comme l'origine de toute propriété.

La remise de la possession est un acte double qui se subdivise en deux parties : l'abandon de la possession par le cédant, et l'acquisition de la possession par l'acquéreur.

9. L'abandon de la possession est ordinairement un acte à la fois matériel et intellectuel, consistant dans le dessaisissement physique, joint à la volonté de ne plus posséder *animo domini*[1]. L'acte d'abandon peut quelquefois aussi être purement intellectuel. Ce cas se présente lorsque le cédant est en possession *animo* seulement de la chose qu'il aliène. L'abandon de la possession se trouve alors consommé dès qu'il autorise l'acquéreur à se mettre en possession de cette

------

[1] « Fere quibuscumque modis obligamur, iisdem in contrarium « actis liberamur; cum quibus modis adquirimus, iisdem in contra- « rium actis amittimus. Ut igitur nulla possessio adquiri, uisi animo « et corpore potest, ita nulla amittitur, nisi in qua *utrumque* in con- « trarium actum. » L. 153 D. *de R. J.* (50, 17.)

Voyez aussi L. 8 D. *de Poss. adq.* (41, 2). L. 3, § 6 et 12, *eod. tit.* — Le mot *utrumque* signifie ici : l'un *ou* l'autre. — Voyez Savigny, *Recht des Besitzes*, p. 385 et suiv.

chose. L'abandon est également purement intellectuel lorsque le cédant conserve la possession physique de la chose livrée avec la volonté de posséder dorénavant au nom de l'acquéreur.

10. L'acquisition de la possession résulte à la fois d'un acte du corps et de l'esprit : « Adipiscimur possessionem « corpore et animo, neque per se animo, aut per se cor- « pore. » L. 3, § 1, D. *de Adq. poss.* (41, 2.)

L'acte de l'esprit en vertu duquel s'acquiert la possession consiste dans la volonté de posséder à titre de propriétaire. Cette volonté, à laquelle les commentateurs ont donné, d'après Théophile, le nom d'*animus domini*, est un pur mouvement de la pensée, s'accomplissant dans le domaine invisible du for intérieur.

L'acte du corps qui doit se joindre à l'*animus domini* pour compléter la prise de possession est, en général, toute espèce d'acte par lequel une personne témoigne extérieurement de la volonté et du pouvoir qu'elle a de disposer d'une chose à son gré. Cet acte, qui a pour caractère essentiel d'établir une relation matérielle et sensible entre l'acquéreur et la chose dont il prend possession, n'est assujetti à aucune forme spéciale. Il consiste le plus ordinairement dans l'appréhension physique de la chose livrée ; mais cette appréhension est souvent impossible, en raison de la grandeur, du poids ou de la nature des objets. Aussi, les jurisconsultes romains enseignent-ils que le contact matériel de toutes les parties de la chose livrée n'est pas une condition indispensable de l'acquisition de la possession[1], et que le sens du toucher peut même être suppléé par celui de la vue, si les circonstances donnent d'ailleurs au regard dont l'acquéreur embrasse la

---

[1] « Quod autem diximus, et corpore et animo acquirere nos de- « bere possessionem, non utique ita accipiendum est, ut qui fundum « possidere velit, omnes glebas circumambulet : sed sufficit, quamli- « bet partem ejus fundi introire, dum mente et cogitatione hac sit, ut « totum fundum usque ad terminum velit possidere. » L. 3, § 1, D. *de Poss.* (41, 2).

chose livrée le caractère d'un acte d'appropriation [1]. Ainsi,
l'acquéreur qui, du haut d'une tour, jette sur le domaine qui
lui est livré le coup d'œil du maître, en prend possession
d'une manière aussi effective que s'il s'astreignait à parcou-
rir ce domaine en tous sens [2]. L'acte d'appréhension peut
également consister dans l'apposition par l'acquéreur d'une
marque sur les marchandises livrées. L'apposition de cette
marque implique, en effet, la volonté et le pouvoir de disposer en maître de ces marchandises [3]. La prise de possession
peut même être effectuée sans que l'acquéreur voie la chose
livrée. Ce cas se présente lorsque le cédant remet la chose
au domicile de l'acquéreur pendant son absence. L'acquéreur devient alors possesseur, parce que cette remise met la
chose en son pouvoir et à son entière disposition [4]. De même,
s'il s'agit de marchandises renfermées dans un magasin, il
suffit, pour opérer la tradition, que le cédant remette la
clef du magasin entre les mains de l'acquéreur, pourvu toutefois que cette remise soit effectuée en vue du magasin [5].
On a longtemps considéré ce dernier cas comme formant une
exception à la règle en vertu de laquelle la possession doit
toujours être acquise par un acte d'appréhension réelle. On
se refusait à voir un acte de cette espèce dans la remise des
clefs, et l'on pensait que le droit romain avait admis, pour
ce cas, la possibilité de remplacer l'acte physique d'appréhension par un acte purement symbolique. Les clefs auraient

---

[1] « Non est enim corpore et actu necesse adprehendere possessionem
« sed oculis et affectu. » L. 1, § 21 D. *de Poss. adq.* (41, 2). — M. de
Savigny (*R. d. B.*, p. 234) lit : *oculis et* tactu).

[2] « Non minus cepi quam si pedes finibus intulissem. » L. 18,
§ 2, D. *de Adq. poss.* (41, 2). — L. 79 D. *de Solut.* (46, 3). — C'est
la *tradition de longue main* des commentateurs.

[3] L. 14, § 1 D. *de per. et comm. rei vend.* (18, 6).

[4] « ... Si venditorem, quod emerim, deponere in mea domo jusse-
« rim, possidere me certum est : quanquam id nemo dum attigerit. »
L. 18, § 2 D. *de Poss. adq.* (41, 2).

[5] L. 9, § 6, 1, § 21 D. *de Adq. poss.* (41, 2). L. 74 D. *de Contr.
empt.* (18, 1).

été le symbole destiné à représenter les marchandises, et l'appréhension des clefs aurait ainsi remplacé l'appréhension des marchandises elles-mêmes. Cette explication, sur laquelle j'aurai plus tard à revenir, était en contradiction manifeste avec toute la théorie romaine de la possession.

Pour les Romains, la possession était un état de fait, *res facti*, qui ne pouvait être produit que par un fait matériel, et non point par un simple acte de la pensée. Pour être en possession, il ne suffisait pas d'avoir l'intention de s'y mettre, et un acte comme la tradition symbolique des clefs, qui n'aurait eu pour résultat que de manifester la volonté de posséder, ne pouvait suppléer au défaut du fait même de la prise de possession.

Il n'est d'ailleurs pas nécessaire d'admettre l'existence d'une fiction particulière du droit pour expliquer comment la remise des clefs équivalait, dans le cas dont je m'occupe, à la tradition des marchandises. En effet, s'il se fût agi d'un magasin ouvert, le cédant eût accompli la tradition en mettant simplement l'acquéreur en présence des magasins; mais, lorsqu'il s'agit d'un magasin fermé, ce mode de tradition eût été insuffisant, car l'acquéreur n'eût pas été mis à même, au moment de la tradition, de disposer des marchandises livrées dont il fût resté séparé par un obstacle infranchissable. Il fallait donc lui donner le moyen de parvenir jusqu'aux marchandises elles-mêmes, et c'est ainsi que la remise des clefs était le complément indispensable de l'acquisition de la possession [1].

Les mêmes principes doivent également être appliqués à l'explication d'un texte tiré d'une constitution de Sévère et de Caracalla. Il s'agit dans cette constitution d'une donation d'esclaves dont la tradition est accomplie par la simple remise de l'écrit qui constate la donation.

« Emptionum mancipiorum instrumentis donatis et tra-

---

[1] Ces développements sur la prétendue tradition symbolique du droit romain ont été présentés pour la première fois par M. de Savigny, dans son *Traité sur le droit de possession*, p. 250 et suiv.

« ditis, et ipsorum mancipiorum donationem et traditionem
« factam intelligis; et ideo potes adversus donatorem in rem
« actionem exercere. » L. 1, C. *de Donat.* (8, 54.)

L'interprétation de ce texte devient facile, en supposant
que la remise de l'acte écrit de donation a été faite en présence des esclaves. L'admission de cette hypothèse fait alors
rentrer l'espèce proposée dans l'application des règles ordinaires. Il faudrait, si l'on voulait, au contraire, supposer
que les esclaves étaient absents au moment de la remise de
l'acte de donation, admettre que le droit avait créé pour ce
cas une exception aux règles ordinaires, et rien ne justifie-
rait ici une pareille exception.

La prise physique de possession s'opère ordinairement
au moment même où l'*animus domini* naît chez l'acquéreur.
La possession est alors acquise en même temps *animo et corpore.* Il peut cependant se faire qu'au moment de l'aliénation,
l'acquéreur ait déjà la possession physique de l'objet aliéné,
comme dépositaire ou comme locataire, par exemple. Il acquiert alors la possession civile par la seule volonté de posséder dorénavant *animo domini.* La possession peu', dans ce
cas, sembler, au premier abord, acquise par un acte intellectuel, contrairement à la règle que j'ai précédemment énoncée. — Mais un examen attentif ne tarde pas à démontrer
que les deux éléments de l'acte d'acquisition concourent ici
comme d'habitude, bien qu'ils ne se produisent pas simultanément. L'acquisition *corpore* a été effectuée au moment
où l'acquéreur a reçu la possession naturelle; l'acquisition
animo vient s'adjoindre ensuite à la première et la compléter
lorsque l'acquéreur manifeste, du consentement du cédant,
la volonté de devenir propriétaire de la chose livrée. — Les
commentateurs ont créé pour ce cas, qui se produit toutes
les fois que la possession naturelle de l'acquéreur se convertit en possession civile, l'appellation de *tradition de brève
main,* tirée des expressions d'une loi du Digeste[1].

[1] L. 13, § 1, D. *de Jur. dot.* (23, 3). — L. 0, § 5, D. *de Adq.*,

Il peut enfin arriver que l'acquéreur ait déjà la possession civile au moment de l'aliénation. Ainsi l'usurpateur, le *prædo* qui possède illégalement un fonds de terre, peut l'acheter ou le recevoir en donation du légitime propriétaire. Dans ce cas, la possession, se trouvant déjà entre les mains de l'acquéreur, ne peut plus lui être remise. Il devient donc propriétaire à partir du moment où le cédant perd lui-même l'*animus domini* [1].

11. La tradition, comme les actes translatifs du droit civil, était destinée à mettre en évidence la volonté d'aliéner et d'acquérir chez le cédant et chez l'acquéreur. — Mais la remise de la possession pouvait aussi être effectuée sans que les parties eussent l'intention d'opérer en même temps la translation du droit de propriété. Ainsi, la tradition faite au précariste, au séquestre, au créancier gagiste, au commodataire, au locataire ou au dépositaire, opère simplement le déplacement de la possession sans entraîner la translation de la propriété.

Or, il n'existe d'ailleurs aucune différence extérieure entre la tradition destinée seulement à déplacer la possession et celle qui a pour but de manifester la volonté d'aliéner et d'acquérir.

La tradition est donc imparfaite comme acte translatif, puisque son accomplissement peut révéler aussi bien la simple volonté de remettre la possession que celle de transférer la propriété. — Il y avait en ceci une différence bien remarquable entre la tradition et les actes translatifs du droit civil. Lorsqu'une mancipatio n ou une cession juridique avait été accomplie, la preuve de la translation de la propriété résultait de la seule preuve de l'accomplissement de l'acte translatif. Il ne pouvait y avoir de doute sur l'intention des parties, puisque la mancipation ou la cession juridique ne

R. D. (41, 1). — L. 9, § 1er, D. *de Publ. in rem act.* (6, 2). — L. 9, § 9, D. *de Reb. cred.* (12, 1). — L. 42 pr., D. *de Evict.* (21, 2).

[1] « Si rem meam possideas, et eam velim tuam esse : fiet tua ; « quamvis possessio apud me non fuerit. » L. 21, § 1, D. *de Acq.* R. D. (41, 1).

pouvait avoir d'autre but que la translation de la propriété. En cas de tradition, au contraire, le doute pouvait exister, et alors même qu'il était prouvé que la tradition avait eu lieu, il fallait encore une peuve supplémentaire pour démontrer que cette tradition avait véritablement été translative de propriété.

Les jurisconsultes romains exprimaient cette idée en disant que la tradition ne pouvait à elle seule transférer la propriété, et que pour produire cet effet il fallait qu'elle eût une juste cause [1]. Cette juste cause était, d'une manière générale, tout acte produisant l'obligation de transférer la propriété; la préexistence d'une pareille obligation, jointe à l'accomplissement de la tradition, révélait manifestement l'existence de la double volonté d'aliéner et d'acquérir. Tout acte produisant l'obligation de transférer la propriété pouvait donc servir de juste cause à la tradition. Ces actes sont indépendamment des conventions, les testaments, les jugements, les quasi-contrats, les délits et les quasi-délits [2].

L'acte servant de juste cause à la tradition étant uniquement destiné à prouver chez les parties l'intention de transférer la propriété, on conçoit aisément que la perfection ou l'imperfection de cet acte fût indifférente à la perfection de la tradition elle-même. Ainsi, une convention faite sous une condition honteuse est nulle en soi, et ne peut produire aucune obligation valable, et cependant une semblable convention pouvait servir de juste cause à la tradition, parce que, malgré ses vices, elle prouvait que les parties avaient eu la volonté de transférer la propriété. Ainsi, la tradition faite en vertu d'une donation *ob turpem causam* rendait le dona-

---

[1] « Numquam nuda traditio transfert dominium, sed ita, si venditio « aut aliqua justa causa præcesserit, propter quam traditio sequere- « tur. » L. 31 D. *de Adq. R. D.* (41, 1).

[2] On trouve l'énumération des justes causes de la tradition au titre *de la publicienne* au Digeste (6, 2). Pour que la possession pût conférer l'exercice de cette action, elle devait avoir été acquise *animo domini*, et la tradition devait, par suite, avoir eu une juste cause. « Qui igitur justam causam traditionis habet, utitur publiciana. » L. 3, § 1, D. *de Publ. in rem act.* (6, 2).

taire propriétaire, bien que le vice de la donation donnât ouverture à la *condictio* au profit du donateur [1].

L'acte servant de juste cause pouvait même être purement putatif [2]. Ainsi, la tradition faite en payement d'une dette inexistante transférait la propriété de la somme payée au créancier putatif, parce que cette tradition avait été faite en vue de transférer la propriété. Peu importait que les parties eussent été guidées par un motif faux : il suffisait que la volonté d'aliéner et d'acquérir eût existé dans leur esprit pour que la tradition fût réputée avoir eu une juste cause. Aussi, le débiteur putatif n'avait-il, pour se faire restituer la somme indûment payée, qu'une simple action personnelle [3].

Il pouvait enfin arriver que les parties eussent en vue chacune une cause différente. L'une pouvait croire aliéner en vertu d'un testament qui l'y obligeait, l'autre acquérir en exécution d'une stipulation. Dans ce cas, la tradition faite en vertu de ces deux causes différentes était encore translative de propriété [4]. Chacune des parties se croyant, en effet, obligée de

[1] Comparez la loi 7, § 3, D. *de Pactis* (2, 14), avec la loi 2 pr. D. *de Cond. ob turp. vel injust. caus.* (12, 5).

[2] « Sive vera causa sit, sive falsa. » L. 5, D. *de Publ. in rem act.* (6, 2).

[3] Voyez au Digeste le titre *de Condictione indebiti* (12, 6).

[4] « Quum in corpus quidem, quod traditur, consentiamus, in cau-
« sis vero dissentiamus, non animadverto cur inefficax sit traditio :
« veluti si ego credam, me ex testamento tibi obligatum esse, ut
« fundum tradam, tu existimes, ex stipulatu tibi eum deberi; nam si
« pecuniam numeratam tibi tradam donandi gratia, tu eam quasi cre-
« ditam accipias, constat proprietatem ad te transire, nec impedi-
« mento esse, quod circa causam dandi atque accipiendi dissensi-
« mus. » L. 36 D. *de Adq. R. D.* (41, 1). — Cette loi, tirée du Digeste
de Julien, est contredite par la loi suivante, extraite des Controverses d'Ulpien : « Si ego pecuniam tibi quasi donaturus dedero, tu
« quasi mutuam accipias, Julianus scribit, donationem non esse,
« sed an mutua sit, videndum. Et puto nec mutuam esse, magisque
« nummos accipientis non fieri, quum alia opinione acceperit. Quare si
« eos consumpserit, licet condictione teneatur, tamen doli exceptione
« uti poterit, quia secundum voluntatem dantis nummi sunt con-
« sumpti. » L. 18 D. *de Reb. cred.* (12, 1). — De nombreux essais ont été
faits pour arriver à concilier ces deux textes. D'après l'opinion qui a

transférer la propriété, la volonté d'aliéner et d'acquérir existait chez elles et suffisait pour donner à l'acte de la tradition son caractère translatif.

Dans certains cas cependant, la loi enlève à la convention frappée de nullité, non-seulement le pouvoir de produire

réuni le plus de suffrages, Ulpien, par ces paroles : *magisque nummos accipientis non fieri*, n'aurait pas contesté la validité de la tradition, mais aurait simplement fait allusion au droit qu'avait le cédant de réclamer la restitution de l'argent reçu à l'aide d'une condiction (*sine causa*). Il aurait exprimé ainsi que la propriété transférée n'était, pour ainsi dire, que provisoire et imparfaite, puisqu'au moment même de sa translation, naissait, au profit du cédant, une action dont l'effet était d'obliger l'acquéreur à se dessaisir de cette propriété. « Verius est, » disait Donneau (*ad leg.* 18 *de Reb. cred.*), « eos (nummi) accipientis non fieri, quia non perfecte fiunt. » On citait à l'appui de cette explication le texte d'Ulpien · « Non videtur quis capere quod erit restituturus » L. 71, *pr.* D. *de V. S.* (50, 16); et celui de Gaïus : « Non videtur perfecte cujusque id esse quod ex causa auferri potest. » L. 139, § 1, D. *de R. J.* (50, 17). On invoquait enfin un texte d'Africain se rapportant à l'espèce suivante : Quelqu'un s'oblige par une stipulation à donner un esclave et livre un *statu liber*, c'est-à-dire un esclave auquel la liberté a été donnée sous condition suspensive. Africain décide que, si l'esclave meurt avant qu'il soit devenu certain que la condition ne s'accomplira pas, le créancier peut tenir la dation du *statu liber* comme non avenue, et poursuivre l'exécution de l'obligation. Le créancier n'a eu, en effet, à aucune époque la propriété parfaite et définitive du *statu liber*, et l'obligation n'a par suite pas été éteinte. « Quando isto casu, » dit Africain, « nullo tempore perfecte hominem meum feceris. » L. 38, § 3, D. *de Solut.* (16, 3). On faisait observer qu'Africain employait les mêmes expressions qu'Ulpien dans la loi *Si ego pecuniam* pour exprimer plutôt l'imperfection de la propriété transmise, que l'imperfection de la translation elle-même, (Voyez dans ce sens: Donneau, *Comm. de jur. civ.*, IV, XVIII, 6, et sur la loi 18 *de Reb. cred.*; Vinnius, *Select. quæst.*, 11, 85; Pothier, *Pand.*, tit. XLI, n° 59, *ad notam*; Sell, *Dingl. Recht.*, p. 57; de Vangerow, *Pandekten*, les trois premières éditions; Muhlenbruck, *Pand.*, § 246, note 15.)

Ces explications ne me semblent pas suffisantes pour faire disparaître la contradiction si manifeste des deux textes. Il est d'ailleurs certain que les expressions : *meus fit, tuus fit*, s'entendent habituellement du transport de la propriété, « unde etiam mutuum appellatum

l'obligation de transférer la propriété, mais encore la faculté de servir de juste cause à la tradition. Cette tradition est alors nulle, comme faite en vertu d'une cause que le droit réprouve. Tel est le cas des donations entre époux [1].

12. La théorie que je viens d'exposer relativement à la juste cause de la tradition, a été récemment abandonnée en Allemagne par un certain nombre d'auteurs qui admettent que la juste cause de la tradition consiste dans la volonté consentante des parties. « La tradition, dit Puchta [2], n'est en elle-même que la remise de la possession, elle ne devient translative de propriété que par l'effet du concours de la volonté de céder la propriété chez celui qui livre, et d'acquérir la propriété chez celui qui reçoit. Ce concours de volontés forme la juste cause de la tradition. »

Considérée au point de vue purement théorique, cette explication est évidemment à l'abri de toute critique ; car il est certain que la tradition n'a d'effet translatif que grâce à la volonté consentante des parties, et que cette volonté est, par conséquent, la véritable cause de la tradition [3]. Mais je

est, quia quod ita tibi a me datum est, ex meo tuum fiat. » Gaïus, *Inst.* III, 90. Il semble donc préférable de reconnaître avec Cujas (*ad leg.* 18 *de Reb. cred.*) ; Goschen, *Vorlesungen,* § 276 ; de Vangerow, *Pand.*, § 311 , *Anm.* 3 *in fin.*, et Puchta, *Vorlesungen* I *Beil.* 15 ; *Inst.*, § 241, note *g*), qu'il existe une antinomie réelle entre les deux opinions émises par Julien et par Ulpien.

[1] « Sciendum est autem, *ita interdictam* inter virum et uxorem do-
« nationem, ut ipso jure nihil valeat quod actum est. Proinde, si
« corpus sit quod donetur, nec traditio quæpiam valet. » L. 3, § 10,
D. *de Donat. int. vir. et uxorem* (24, 1).

[2] *Inst.* § 241.

[3] Le rôle du consentement dans la tradition n'avait pas été mé-
connu par les jurisconsultes romains, bien qu'ils n'eussent jamais
rangé la tradition au nombre des contrats. C'est ce qui ressort du texte
suivant, extrait des Epîtres de Javolenus : « In omnibus rebus quæ
« dominium transferunt, concurrat oportet affectus ex utraque parte
« contrahentium : nam sive ea venditio, sive donatio, sive conductio,
« sive quælibet alia causa contrahendi fuit, nisi animus utriusque
« consentit, perduci ad effectum id quod inchoatur non potest. »
L. 55 D. *de O. et A.* (44, 7).

ne pense pas cependant que ce fût cette idée que les Romains exprimaient en disant que la tradition devait avoir une juste cause.

Les jurisconsultes romains avaient eu ici en vue, non pas d'établir un point de doctrine, mais de résoudre une difficulté de fait. Leur but était d'arriver à trouver un remède au manque de signification extérieure de la tradition, et de donner le moyen de distinguer entre la simple remise de la possession et la translation de la propriété. Pour cela ils enseignaient que la tradition ne devait être considérée comme translative de propriété que dans le cas où elle aurait été précédée d'un acte tel qu'une vente, un échange, une donation, un testament, un jugement, etc., etc., créant entre les parties l'obligation de transférer la propriété. Ils appelaient alors cet acte la cause de la tradition, sans se préoccuper de l'idée plus exacte, mais bien plus abstraite, qui fait remonter à la volonté la cause de tous les faits juridiques.

Il suffit, pour apprécier la vérité de cette observation, de remarquer qu'il était question de juste cause seulement dans le cas de tradition. Or, la volonté consentante des parties était théoriquement aussi bien la cause de la cession juridique et de la mancipation que de la tradition. Si donc les jurisconsultes romains, en disant que la tradition doit avoir une juste cause, avaient voulu énoncer que la tradition est translative de propriété seulement dans le cas où elle est l'expression du concours de la volonté des parties, ils n'auraient pas manqué de faire la même observation au sujet de la cession juridique et de la mancipation. Leur silence à cet égard démontre qu'ils considéraient la juste cause, non point comme un élément substantiel de la tradition, mais comme un élément purement accessoire et extérieur servant à établir que la tradition avait été accomplie en vue de transférer la propriété. « Has causas requirimus, disait « Donneau [1], non quia ad substantiam dominii transferendi

---

[1] Ad leg. 1, Cod. de Cond. ind. (4, 5).

« pertinent, sed quia pertineant ad probationem voluntatis
« transferendi. »

§ 2. — De la tradition par procuration.

13. La tradition pouvait, à la différence des actes du droit
civil, être opérée par procuration. Je dois rappeler ici que
la personne chargée d'agir dans l'intérêt d'une autre peut
être ou bien un simple messager (*nuntius*) ne faisant qu'exprimer la volonté de son maître, et ne pouvant avoir, au
point de vue du droit, d'autre volonté que celle de ce maître,
ou bien un mandataire véritable (*procurator*) auquel le mandant délègue l'exercice de sa volonté. Il n'y avait véritablement procuration que dans ce dernier cas, et dans tout ce
qui suivra, je sous-entendrai constamment qu'il s'agit d'un
procurator et non d'un *nuntius*.

J'examinerai successivement ce qui se rapporte à la repré-
sentation du cédant (A), et ce qui est relatif à la représenta-
tion de l'acquéreur (B). J'aurai ensuite à rechercher quelle
relation doit exister entre le cédant et l'acquéreur, lorsque
ces deux personnes, se faisant chacune représenter, ne se
trouvent pas ainsi en rapport direct l'une avec l'autre (C).

A

14. Il ne paraît pas s'être jamais élevé de difficultés relativement à la faculté laissée au cédant de se faire représenter dans l'acte d'aliénation. « Nihil interest, dit Gaïus,
« utrum ipse dominus per se tradat alicui rem, an volun-
« tate ejus alius. » L. 9, § 4, D. *de Adq. R. D.* (41, 1). Le
mandat peut être, d'ailleurs, général ou particulier : « Si
« servus mihi vel filius familias fundum vendidit et tradidit,
« habens liberam peculii administrationem, in rem actione
« uti protero. Sed et si domini voluntate, domini rem tra-

« dat, idem erit dicendum ; quemadmodum quum procu-
« rator voluntate domini vendidit vel tradidit, in rem
« actionem mihi præstabit [1]. » L. 41, § 1, D. *de R. V.*
(6. 1).

Lorsque le mandat est révoqué par la mort du cédant ou le changement de sa volonté, le représentant devient incapable d'aliéner. Mais faut-il que l'acquéreur et le *procurator* soient préalablement informés de l'événement qui révoque le mandat? Cette condition n'est pas nécessaire dans la rigueur du droit, et nous trouvons un texte par lequel Africain décide que la mort du mandant enlève par elle-même tout effet à la tradition effectuée en vertu de ce mandat, après le moment de la mort. Il s'agit d'un *kalendarius*, ou esclave chargé de tenir une maison de banque en province pour le compte de son maître. Le maître meurt, instituant le *kalendarius* héritier pour partie. Cet esclave, ignorant la mort de son maître, continue à opérer des prêts et remet différentes sommes aux emprunteurs. Africain décide que l'argent prêté par l'esclave n'est devenu la propriété des emprunteurs que dans la mesure de la part pour laquelle l'esclave a été institué héritier :
« Eas (*pecunias*) non majori parte, quam ex quâ ipse heres
« sit, alienatas esse. Nam etsi tibi in hoc dederim nummos
« ut eos Stycho credas, deinde mortuo me, ignorans dederis,
« accipientis non facies. » L. 41, D. *de Reb. cred.* (12, 1).

En conséquence, si aucune stipulation n'est intervenue au moment du prêt, les cohéritiers ne pourront pas exercer de condiction contre les emprunteurs.

Je pense cependant que la solution donnée par Africain doit être limitée à la matière du *mutuum*, qui était de droit extrêmement rigoureux, et qu'il ne faudrait pas la généraliser. Cette observation paraît d'autant plus fondée que, dans un autre texte, le jurisconsulte Pomponius décide, au contraire, que la remise de la possession est valablement faite par le mandataire, même après la mort du mandant. Si

---

[1] Voyez également loi 77 D. *de Solut.* (46, 3).

l'acquisition de la possession est possible dans cette circonstance, on ne voit aucune raison pour décider le contraire de l'acquisition de la propriété [1].

Si le *procurator* du cédant opère la tradition en son propre
nom, au lieu de l'opérer au nom de son mandant, la propriété n'est pas transférée [2]. En effet, la volonté d'aliéner
existe chez le cédant à cette condition seulement que la
chose sera livrée en son nom, et cette volonté doit être considérée comme n'existant plus, du moment où la condition
n'est pas remplie. Ce point avait néanmoins soulevé des difficultés; car, dans ce cas, l'acquéreur de bonne foi se trouvait dépouillé et exposé à ne plus conserver qu'un recours
illusoire contre le *procurator* infidèle. Aussi décidait-on,
dans une opinion plus favorable, que si, au point de vue du
droit strict, il fallait bien admettre que la propriété n'était
pas transférée, il était cependant équitable de paralyser l'ac-

[1] L. 33 D, *de Adq. poss.* (41, 2).

[2] « Cassius ait, si cui pecuniam dedi, ut eam creditori meo solve-
« ret, si suo nomine dederit, neutrum liberari : me, quia non meo
« nomine data sit; illum, quia alienam dederit : cæterum mandati
« eum teneri ; sed si creditor eos nummos sine dolo malo consumpsis-
« set, is, qui suo nomine eos solvisset, liberatur : ne si aliter ob-
« servaretur, creditor in lucro versaretur. » L. 17 D. *de Solut.*,
(46, 3). — Il est facile de voir à l'aide de quelles actions chacune des
parties fera valoir ses droits. Le mandant poursuivra contre le mandataire là répétition des sommes qu'il a données pour servir au payement par l'action *mandati,* ou même par la *condictio furtiva.* Le
mandant peut également, ou bien revendiquer l'argent qui se trouve
entre les mains du tiers payé, ou agir contre ce tiers par l'action *ad
exhibendum,* s'il a dissipé cet argent de mauvaise foi. Le mandataire
n'a aucune action directe contre le tiers payé, mais il peut, s'il est
poursuivi par le mandant, forcer ce mandant, au moyen de l'action
mandati contraria, à lui céder son action *in rem* ou *ad exhibendum*
contre le tiers qui a reçu le payement. Dans le cas où le tiers a dissipé
l'argent de bonne foi, le mandant n'a que l'action *mandati* contre le
mandataire, qui n'a plus alors aucun recours, soit contre le tiers, soit
contre le mandant. On décide alors, dans ce dernier cas, que ce
mandataire est libéré vis-à-vis du tiers payé, afin que ce dernier ne
s'enrichisse pas à ses dépens.

tion en revendication du cédant par l'exception de dol[1].

B

15. La possibilité d'*acquérir* par procuration paraît avoir
été contestée plus sérieusement que la possibilité d'*aliéner* par l'intermédiaire d'un tiers. On ne pouvait, en effet,
admettre la possibilité d'acquérir la propriété par procuration, sans commencer par admettre que la possession
elle-même pouvait être acquise par le ministère d'un *procurator*. Or, le droit romain avait bien toujours admis que
la possession pouvait être exercée par l'intermédiaire d'un
tiers, mais il exigeait que celui qui possédait eût toujours
lui-même l'*animus domini*. « Animo nostro, corpore etiam
« alieno possidemus. » L. 3, § 12, D. *de Adq. poss.* (41, 2).
La volonté de posséder paraissait essentiellement personnelle, et il semblait, par suite, impossible d'admettre que
l'on pût avoir cette volonté au nom d'une autre personne.
Il en résultait que l'acquisition de la possession devait toujours être opérée en personne, et que la tradition par *procuration* était ainsi impossible. « Per liberas personas quæ
« in potestate nostra non sunt, adquiri nobis nihil potest. »
Paul, *Sent.*, V, 2, 2.

Ce système était cependant trop contraire à la commodité
des transactions pour être maintenu, et les principes rigoureux de l'ancien droit furent graduellement abandonnés.
Nératius, qui écrivait sous Trajan, témoigne déjà des hésitations de la jurisprudence à ce sujet et de ses tendances à
créer une exception à la règle autrefois admise[2]. Une con-

---

[1] « Si tibi dederim rem ut Titio meo nomine donares, et tu tuo
« nomine eam ei dederis : an factam ejus putes ? Respondit : Si rem
« tibi dederim, ut Titio meo nomine donares, eamque tu tuo nomine
« eam ei dederis, quantum ad juris subtilitatem accipientis factâ non
« est : et tu furti obligaris ; sed benignius est, si agam contra eum qui
« rem accepit exceptione doli mali me summoveri. » L. 25 D. *de
Donat.* (39, 5).

[2] « Quamvis per procuratorem possessionem apisci nos, jam fere
« convenit. » L. 41 D. *de Usurp. et Usuc.* (41, 3).

stitution de Septime Sévère et de Caracalla fixa le droit à cet égard[1], et Ulpien énonce comme un principe généralement reconnu que la faculté d'agir par *procuration* est admissible pour l'acquisition de la possession et, par suite, pour celle de la propriété : « Placet per liberam personam « omnium rerum possessionem quœri posse et per hanc « dominium. » L. 20, § 2, D. *de A. R. D.* (41, 1).

Un des cas les plus fréquents de la tradition par procureur est celui où le propriétaire d'une chose déclare avoir la volonté de posséder dorénavant au nom de celui en faveur duquel il aliène cette chose. L'ancien propriétaire se constitue ainsi le représentant de l'acquéreur; il cesse de posséder en son propre nom et ne possède plus qu'au nom du nouveau propriétaire : « Quod meo nomine possideo, possum « alieno nomine possidere : nec enim muto mihi causam « possessionis, sed desino possidere, et alium possessorem « ministerio meo facio. Nec idem est, possidere, et alieno « nomine possidere. Nam possidet, cujus nomine possi- « detur. » L. 18 pr. D. *de Poss. adq.* (41, 2). Il y a ainsi une véritable tradition opérée par procuration, et la propriété se trouve transférée au moment même où la possession est déplacée : « Quædam mulier fundum ita non ma- « rito donavit per epistolam, et eumdem fundum ab eo « conduxit : posse defendi in rem ei competere, quasi per « ipsam adquisierit possessionem veluti per colonum. Pro- « ponebatur, quod etiam in eo agro qui donabatur fuisset, « cum epistola emitteretur; quæ res sufficiebat ad tradi- « tam possessionem, licet conductio non intervenisset » L. 77 D. *de R. V.* (6, 1). Cette forme de tradition est le *constitut possessoire* des commentateurs. Les expressions employées par Ulpien dans le texte que je viens de citer (posse defendi in rem ei competere) semblent indiquer que la validité de ce mode de tradition avait été contestée. Ces scru-

---

pules avaient dû cependant disparaître devant une analyse plus exacte; car il est évident que le constitut possessoire opérait le déplacement de la possession d'une manière tout aussi efficace que la tradition de *brève main*. Dans les deux cas, en effet, le déplacement de la possession résultait du simple déplacement de l'*animus domini*. Seulement, dans le premier cas, la possession civile du cédant se changeait en possession purement naturelle, tandis que, dans le second cas, au contraire, la possession naturelle de l'acquéreur se transformait en possession civile.

La condition essentielle pour que la tradition pût être valablement accomplie par procuration était que le représentant eût la volonté d'acquérir pour le représenté, et qu'il eût pouvoir à cet effet, en vertu du mandat général ou spécial du représenté. Si le représentant n'avait pas la volonté d'acquérir au nom du représenté, la translation de la propriété ne pouvait s'opérer au profit de ce dernier : « Per « procuratorem, tutorem, curatoremve possessio nobis ad- « quiritur; cum autem suo nomine nacti fuerint possessio- « nem, non cum eâ mente, ut operam suam duntaxat ac- « commodârent nobis : non possumus adquirere »[1].

Ainsi, le mandataire qui achète en son propre nom ne peut rendre le mandant propriétaire qu'en lui livrant à son tour les objets qui lui ont été livrés à lui-même par le cédant[2]. Faute de cette seconde tradition, la propriété resterait entre les mains du mandataire qui a pris possession en son propre nom. Une exception avait cependant été admise. Lorsque le cédant a la volonté de transférer la propriété à une personne déterminée, la propriété passe entre les mains de cette personne, bien que son mandataire ait eu la volonté d'acquérir la possession et la propriété pour lui-même[3]. Je reviendrai tout à l'heure sur ce point.

---

[1] La leçon que je donne ici est celle qui est adoptée par M. de Savigny. Voir son *Traité de la Possession*, § 26, *ad notam*.

[2] L. 59 D. *de A. R. D.* (41, 1). — L. 2, C. *de His qui a non domin.* (7, 10).

[3] L. 13 D. *de Donat.* (39, 5).

S'il est nécessaire que le représentant ait la volonté d'acquérir pour le représenté, il n'est pas moins indispensable que le représenté ait la volonté d'acquérir pour lui-même. Sans cette volonté du représenté, l'acte accompli par le représentant n'aurait plus aucune efficacité, car la volonté do l'acquéreur ne peut être suppléée dans l'acquisition de la possession[1]. En conséquence, si le représentant agissait à l'insu de la personne représentée, celle-ci n'acquérait point la propriété. Tel est le sens de la règle : *ignoranti non adquiritur*. Il résulterait de l'application rigoureuse de cette règle que l'acquéreur ne deviendrait jamais possesseur qu'au moment où il a connaissance de l'acquisition de la possession pour son représentant. Mais il a été admis que, l'existence du mandat en vertu duquel agit le représentant, dénotant la volonté d'acquérir chez la personne représentée, cette volonté serait considérée comme permanente et se renouvelant, pour ainsi dire, à chaque instant, de sorte que le mandant, étant réputé avoir l'*animus domini* au moment même de l'acquisition du mandataire, devient propriétaire dès que cette acquisition vient à s'accomplir. Ce principe est formellement consacré par une constitution de Sévère et de Caracalla : « Per liberam personam ignoranti quoquo ac- « quiri possessionem, et postquam scientia intervenerit, « usucapionis conditionem inchoari posse, tam ratione uti- « litatis, quam jurisprudentia receptum est. » L. 1, C. *de Poss.* (7, 32)[2]. Cette doctrine est confirmée par un grand nombre de textes[3]. Mais il faut que la volonté de l'acquéreur soit prouvée par l'existence d'un mandat formel. De là une conséquence remarquable : le *negotiorum gestor* ne peut acquérir la possession et la propriété pour celui dont il gère

---

[1] « Possessionem adquirimus et animo et corpore : animo *utique* « nostro, corpore vel nostro vel alieno. » Paul, *Sent.* V, 2, 1.

[2] La glose donne aussi la leçon *pridem*. Voyez sur ce point M. de Savigny. *R. des B.*, § 26, ad notam.

[3] L. 13 D. *de A. R. D.* (41, 1). — L. 34, § 1, D. *de Adq. poss.*, (41, 2). — L. 49 D. *eod.*, § 5. *Inst. Per quas personas* (2, 0).

les affaires[1]. Il faudrait, dans ce cas, ou bien une seconde tradition pour que la propriété fût transférée à la personne au nom de laquelle agissait le gérant d'affaires, ou bien une ratification de la part du maître.

Lorsque la personne représentée est incapable de volonté, il est évident qu'elle ne saurait acquérir la possession et la propriété par l'intermédiaire d'un procureur. Une exception avait cependant été admise, à ce sujet, en faveur des municipes[2] et des impubères[3].

C

16. Dans toute tradition translative de propriété, celui qui aliène a en même temps la volonté de cesser d'être propriétaire, et de rendre propriétaire celui à qui il remet la chose livrée. Lorsque les deux parties sont en même temps présentes à l'acte translatif, l'accomplissement de la tradition prouve à lui seul que le cédant a voulu aliéner, et aliéner au profit de l'acquéreur. Mais, lorsque l'acquéreur n'assiste pas en personne à la tradition, une question importante se présente. On peut, en effet, se demander si le cédant doit connaître personnellement l'acquéreur, ou bien, dans l'hypothèse où cette condition ne serait pas remplie, si l'aliénation consentie au représentant suffit pour rendre immédiatement la personne représentée propriétaire.

Avant d'examiner cette question, je dois insister sur un point que j'ai simplement indiqué tout à l'heure. Si le cédant connaît l'acquéreur et qu'il l'ait spécialement en vue dans l'acte de la tradition, cette tradition rend l'acquéreur propriétaire, alors même que son représentant aurait la volonté d'acquérir pour lui-même ou pour toute autre personne. L'infidélité du mandataire devrait, dans la rigueur des prin-

---

[1] L. 24, D. *de Neg. gest.* (3, 5). — L. 42, § 1, D. *de Adq. poss.* (41, 2).

[2] L. 1, § 22. L. 2 D. *de Adq. poss.* (41, 2). M. de Savigny (*R. des B.*, § 26, *in fine*) pense que cette disposition est également applicable aux autres corporations et personnes morales.

[3] L. 13, § 1; D. *de A. R. D.* (41, 1). — L. 1, § 20, *de Adq. poss.* (41, 2).

cipes, rendre l'aliénation nulle, puisque, les parties qui accomplissent la tradition ayant ainsi chacune une volonté différente, il n'y a pas consentement réel. La faveur accordée aux intérêts de la personne représentée a fait admettre que la volonté du cédant de rendre cette personne propriétaire suffirait pour détruire la volonté contraire du mandataire.

« Qui mihi donatum volebat, servo communi meo et Titii
« rem tradidit : servus vel sic accepit quasi socio adquisi-
« turus; vel sic quasi mihi et socio. Quærebatur, quid agere?
« Et placet, quamvis servus hac mente acceperit, ut socio
« meo vel mihi et socio adquirat, mihi tamen adquiri. Nam
« et procuratori meo, hoc animo rem tradiderit, ut mihi ad-
« quirat, ille quasi sibi adquisiturus acceperit, nihil agit in
« sua persona, sed mihi adquirit. » L. 13 D. *de Donat.* (39,5).

Ainsi, dans le cas où le cédant a directement l'acquéreur en vue, non-seulement la volonté du cédant de le rendre propriétaire empêche la volonté contraire du mandataire de produire effet, mais elle triomphe de cette volonté, et fait passer la propriété entre les mains de l'acquéreur, malgré le dol du mandataire.

17. Ce cas étant mis de côté, il reste à examiner ce qui doit être décidé dans le cas très-fréquent où le cédant ne connaît pas l'acquéreur, et ne se trouve en relations qu'avec le mandataire. Dans cette hypothèse, la propriété peut-elle passer directement du cédant à l'acquéreur par l'intermédiaire du représentant, ou bien ce représentant doit-il devenir lui-même acquéreur, et retransférer ensuite la propriété à son mandant?

Il semble au premier abord impossible d'admettre que le cédant puisse transférer la propriété à une personne qui lui est inconnue. La volonté d'aliéner existe, il est vrai, chez le cédant, la volonté d'acquérir existe aussi chez l'acquéreur, mais ces deux volontés ne concourent pas en une seule. Elles existent isolément et ne se rencontrent point pour former le consentement, sans lequel la tradition ne peut produire aucun effet. Le cédant ne paraît donc pouvoir transférer la propriété qu'en effectuant la tradition au nom de l'acquéreur, et en vue de rendre cet acquéreur propriétaire, condition qui ne peut pas être remplie si l'acquéreur est inconnu du cédant. On peut citer, à l'appui de cette opinion, les deux textes suivants :

« Nihil prohibet, altero pecuniam numerante in alium, « vel *utriusque contrahentis consensu, vel certe venditore tan-* « *tum volente,* dominium transferri. » L. ult. C. *Si quis vel alteri vel sibi* (4,50).

« Si procurator rem mihi emerit ex mandatu meo, eique « sit tradita *meo nomine,* dominium mihi, id est proprietas, « adquiritur etiam ignoranti. » L. 13 pr. *D. de Adq. R. D.* (41,1).

Il s'agit dans le premier texte d'une vente suivie de tradition et de payement, consommée entre le cédant et le représentant de l'acquéreur. On décide que la propriété est transférée, s'il y a eu consentement des deux parties ou, tout au moins, volonté de la part du cédant. Il est, en d'autres termes, nécessaire que le cédant ou le mandataire aient eu tous deux la volonté de rendre le mandant propriétaire, ou que cette volonté ait au moins existé chez le cédant[1]. Il était donc regardé comme indispensable que la volonté d'aliéner s'applique chez le cédant directement à la personne au profit de laquelle l'aliénation est opérée.

Le second texte confirme le premier en spécifiant que la tradition doit être faite explicitement au nom de l'acquéreur.

Cependant, malgré ces autorités, je pense que la translation de la propriété pouvait s'opérer directement entre le cédant et l'acquéreur, bien que l'acquéreur fût lui-même inconnu du cédant. Je dois d'abord faire observer que les

---

[1] Il était inutile de parler de la volonté du mandataire, puisque, même dans le cas où il aurait eu la volonté de ne pas acquérir pour le mandant, cette volonté n'aurait exercé aucune influence sur le résultat de l'acte translatif.

deux textes cités plus haut ne sont pas absolument décisifs en faveur du système dans lequel on les invoque.

Le premier de ces textes semble plutôt destiné à confirmer la règle par laquelle la volonté du cédant suffit pour paralyser la mauvaise foi du mandataire qui aurait l'intention d'acquérir pour lui-même, au lieu d'acquérir pour son mandant. (Voyez le numéro précédent.) Le second texte indique bien que la tradition doit, en général, être faite au nom du mandant ; mais il est difficile d'en concluro *a contrario* que la tradition ne rend par le mandant propriétaire, lorsqu'elle n'a pas été accomplie en son nom. On trouve, au contraire, un texte qui établit en principe que la tradition peut être faite à une personne inconnue et même incertaine.

« Hoc amplius, interdum *et in incertam personam collocata* « *voluntas domini, transfert rei proprietatem;* ut ecce, qui « missilia jactat in vulgus : ignorat enim, quid eorum quisque « excepturus sit : et tamen, quia vult, quod quisque exce- « perit, ejus esse, statim eum dominum efficit. » L. 9, § 7, D. *de A. R. D.* (41,1).

Si la volonté du cédant peut s'appliquer ainsi à une personne absolument indéterminée, il semble naturel d'admettre *a fortiori* que la volonté d'aliéner au profit d'une personne représentée est efficace, alors même que cette personne n'est pas elle-même connue du cédant.

§ 3. — De la tradition conditionnelle.

18. La translation du droit de propriété ne pouvait lorsqu'elle s'effectuait par l'un des modes du droit civil, être soumise à aucune modalité. Il n'en était pas de même lorsque la translation s'accomplissait à l'aide de la tradition. Les parties n'étant, dans ce cas, assujetties à l'observation d'aucune forme solennelle, étaient libres de joindre à l'acte translatif des conventions destinées à en préciser et à en modifier

les effets[1]. La tradition, au lieu d'être toujours pure et simple, pouvait donc se faire sous certaines conditions.

Je me propose de rechercher ici quelle influence exerçait sur la translation du droit de propriété la conditionalité de l'acte translatif.

Deux cas sont à distinguer, suivant que la tradition a été soumise à une condition suspensive (A), ou à une condition résolutoire (B).

A

19. Lorsque la tradition est faite sous condition suspensive, la remise de la possession ne peut naturellement pas entraîner la translation du droit de propriété. La volonté d'aliéner et d'acquérir est, en effet, simplement conditionnelle chez les parties. Le cédant n'a pas, au moment de la tradition, la volonté de faire immédiatement abandon de la propriété; l'acquéreur n'a pas, de son côté, la volonté de devenir aussitôt propriétaire : la tradition ne peut, par conséquent, avoir d'autre effet que de faire passer du cédant à l'acquéreur la possession naturelle de la chose livrée[2]. Aussi longtemps que l'événement de la condition est incertain, le cédant reste propriétaire et conserve à ce titre l'exercice de la revendication et le droit aux fruits et aux accessoires de

---

[1] « In traditionibus rerum quodcumque pactum sit, id valere ma- « nifestissimum est. » L. 48 D. *de Pact.* (2, 14). « Omnia quæ inseri « stipulationibus possunt etiam numerationi pecuniæ : et ideo condi- « tiones. » L. 7 D. *de Reb. cred.* (12, 1).

[2] Ainsi, lorsque la tradition est faite *a non domino*, l'acquéreur ne peut pas usucaper. « Ubi autem conditionalis est venditio, negat « Pomponius usucapere eum posse. » L. 4, pr. D. *de in diem Addict.* (18, 2).

« Quod si pendente conditione res tradita sit, emptor non poterit « eam usucapere pro emptore. » L. 8, pr. D. *de Peric. et comm. rei vend.* (18, 6). — Voyez aussi L. 2, § 2, D. *pro Empt.* (41, 4). — Il paraît avoir existé une exception à l'égard de la dot. Le fiancé qui recevait des choses dotales pouvait les usucaper pro suo, excepté lorsque ces choses avaient été estimées. L. 2, § 2, D. *pro Dote* (41, 6). — *Fragm. Vat.*, § 3. — Voyez Sell, *Uber bedingte Traditionen*, p. 30 et suiv. — Pellat., *Textes sur la Dot*, p. 102.

la chose livrée[1]. L'acquéreur ne peut opposer qu'une simple exception à la revendication du cédant[2].

Si la condition ne se réalise pas, la possession de l'acquéreur conditionnel devient au même instant illégitime, et l'action *in rem* du cédant s'exerce de plein droit, sans que l'acquéreur puisse en paralysér l'effet par aucune exception.

Lorsque la condition s'accomplit, l'existence de la volonté d'aliéner et d'acquérir cesse d'être en suspens. Le cédant est censé avoir au même instant la volonté de faire abandon de la propriété, et l'acquéreur est réputé concevoir de son côté la volonté de devenir propriétaire. L'*animus domini* vient ainsi s'ajouter à sa position naturelle, et la compléter. La tradition s'achève alors comme dans le cas d'une tre'ition *de brève main* faite par le propriétaire au détenteur de la chose livrée, et la translation du droit de propriété se trouve aussitôt opérée.

On voit donc que l'acquéreur ne devient réellement propriétaire qu'au moment où la condition vient à s'accomplir, car c'est à partir de ce moment seulement que sa possession naturelle se convertit en possession civile par l'adjonction de l'*animus domini*.

Il paraît néanmoins certain que le droit romain s'est départi, dans cette occasion, de l'application rigoureuse des principes, et qu'il a établi, au contraire, que l'accomplissement de la convention validerait rétroactivement l'effet de la tradition, de telle sorte que l'acquéreur serait censé être devenu propriétaire à partir du moment même où la tradition aurait été opérée. Cet effet rétroactif de l'accomplissement de la condition était formellement admis à l'égard des conventions faites sous condition suspensive. Nos textes enseignent de la manière la plus positive que l'existence de l'obligation née d'une pareille convention remonte, non pas

---

[1] L. 4, pr. D. *de in diem Addict.* [(18, 2). — L. 8, pr. D. *de Peric. et comm. rei vend.* (18, 6). — L. 7, § 3, D. *de Jure dot.* (23, 3). — L. 38, § 1, D. *de A. R. D.* (41, 1).

[2] L. 7, § 3, D. *de Jur. dot.* (23, 3).

au jour où la condition s'est accomplie, mais au jour où la convention a été formée [1]. Il serait difficile d'admettre que d'autres règles eussent été suivies à l'égard des traditions; aussi reconnaît-on généralement que l'événement de la condition opérait rétroactivement la translation de la propriété à partir du jour même de la tradition [2]. Ce principe n'est, il est vrai, énoncé nulle part dans nos textes d'une manière explicite, et il se laisse plutôt déduire par analogie que prouver d'une manière directe. On peut cependant citer le texte suivant, qui confirme implicitement la règle en question :

« Proinde mutui datio interdum pendet, ut ex post facto
« confirmetur : veluti si dem tibi mutuos nummos, ut si
« conditio aliqua extiterit, tui flant, sisque mihi obligatus.
« Item, si legatam pecuniam heres crediderit, deinde legata-
« rius eam noluit ad se pertinere, quia heredis ex die aditæ
« hereditatis videntur nummi fuisse, ut credita pecunia peti
« possit. Nam Julianus ait, et traditiones ab herede factas
« ad id tempus redigi, quo hereditas adita fuerit, cum repu-
« diatum sit legatum aut adpositum [3]. » L. 8. D. *de R. C.*
(12, 1).

Ce texte assimile le cas d'une tradition conditionnelle au cas d'une tradition faite par l'héritier pendant la durée du délai que le légataire a pour délibérer. Il établit donc indirectement que l'accomplissement de la condition avait le même effet rétroactif que l'adition de l'hérédité.

S'il est, au surplus, difficile de trouver dans nos textes la confirmation péremptoire du principe de la rétroactivité de l'effet attribué à l'événement de la condition, il est encore beaucoup plus difficile de se rendre compte des motifs qui ont déterminé les jurisconsultes romains à adopter ce prin-

---

[1] L. 78, pr. D. *de V. O.* (45, 1). — L. 8, pr. D. *de Per. et comm. rei vend.* (18, 6).

[2] Voy. Sell, *Über bedingte Tradit.*, p. 100. — Puchta, *Inst.* § 204. — De Vangerow, *Pandekten*, § 93. — De Savigny, *Syst.*, § 120.

[3] Comparez avec L. 15 D. *de R. dub.* (34, 5).

cipe, soit à l'égard des traditions, soit même à l'égard des conventions conditiónnelles. On allègue habituellement deux raisons principales. Les jurisconsultes romains auraient eu en vue, d'abord d'établir une distinction profonde entre le terme (*dies*) et la condition, et ensuite de tenir compte de la volonté présumée des parties.

Ces deux raisons n'ont, à mon avis, rien de concluant.

La condition et le terme n'ont de commun que l'ajournement imposé aux effets des actes qui leur sont soumis. Ces deux modalités sont d'ailleurs séparées par toute la distance qui sépare, en droit comme en fait, le certain de l'incertain ; cette différence est si profonde, si saisissante, qu'il n'était assurément pas besoin de la faire ressortir artificiellement à l'aide d'une fiction de droit.

Quant à la volonté présumée des parties, il ne paraît pas naturel d'admettre qu'elle ait été dirigée dans le sens du principe de la rétroactivité. Lorsque je livre une chose, en spécifiant que la propriété en sera transférée seulement dans le cas où telle condition viendra à s'accomplir, je manifeste aussi clairement que possible la volonté de ne pas rendre l'acquéreur propriétaire avant l'accomplissement de la condition. En donnant à l'événement de cette condition un effet rétroactif, on sort évidemment des termes dans lesquels la convention avait été primitivement conclue, et l'on donne à l'acte translatif un effet complétement opposé à celui que les parties doivent être présumées avoir voulu lui faire produire.

Je ne pense donc pas que les jurisconsultes romains aient été véritablement guidés par les motifs qu'on leur prête, et je supposerais plus volontiers qu'ils ont été déterminés par le désir d'établir une symétrie plus complète entre le cas où la condition s'accomplit et le cas où cette condition vient, au contraire, à s'évanouir. Dans ce dernier cas, la tradition étant annulée dans le passé comme dans l'avenir, il a pu paraître naturel de suivre cette analogie dans le premier cas, et de regarder la tradition comme ayant produit effet, non-seulement à partir du jour de l'événement de la condition ; mais à partir du moment même où la tradition avait été accomplie.

A ce motif a pu s'ajouter le désir de protéger plus énergiquement l'acquéreur contre les actes que le cédant pouvait accomplir à son préjudice pendant l'époque où l'événement de la condition demeure en suspens. Grâce à l'effet rétroactif de cet événement, tous les droits consentis par le cédant au préjudice de l'acquéreur s'évanouissaient de plein droit, et la propriété était transférée à l'acquéreur dans l'état même où elle se trouvait au moment où la convention d'aliéner avait été formée. Je ferai enfin observer que les jurisconsultes romains paraissent ne pas avoir appliqué le principe de la rétroactivité à la perception des fruits produits par la chose livrée avant l'accomplissement de la condition. Ces fruits ne devaient point être restitués par le cédant à l'acquéreur [1].

20. Il me reste à examiner ce qui doit être décidé dans le cas où le cédant meurt entre l'accomplissement de la tradition et celui de la condition.

Lorsqu'il s'agit d'une convention conditionnelle, la mort du débiteur fait passer l'obligation conditionnelle de ce débiteur sur la tête de ses héritiers :

« Si pendente conditione emtor vel venditor decesserit, « constat, si extiterit conditio, heredes quoque obligatos esse, « quasi jam contracta obligatione in præteritum [2]. » L. 8 pr. D. *de Per. et comm. rei vend.* (18, 6).

Ce principe est également applicable aux traditions faites sous condition :

« Si pecuniam mihi Titius dederit absque ulla stipula- « tione, ea tamen conditione ut tunc demum mea fieret, quum « Seius consul factus esset, sive furente eo, sive mortuo,

---

[1] De Vangerow, *Pandekt.*, § 93. — Voyez cependant Sell, *op. cit.*, p. 144.

[2] Voyez L. 57, D. *de V. O.* (45, 1). — § 4, *Inst. de V. O.*, (3, 15).

« Seius consulatum adeptus fuerit, mea flet. » L. 2, § 5, D. *de Donat.* (39, 5).

Cette décision est cependant contredite par le texte suivant d'Ulpien :

« Si res alicui tradidero, ut nuptiis secutis dotis effician-
« tur, et ante nuptias decessero, an secutis nuptiis dotis esse
« incipiant? Et vereor ne non possint in dominio ejus effici
« cui datæ sunt, quia post mortem incipiat dominium dis-
« cedere ab eo, qui dedit, quia pendet donatio in diem
« nuptiarum, et cum sequitur conditio nuptiarum, jam he-
« redis dominium est, a quo discedere rerum non posse do-
« minium invito eo, fatendum est. Sed benignius est, favore
« dotium, necessitatem imponi heredi consentire ei, quod,
« defunctus fecit, aut si distulerit, vel absit, etiam nolente vel
« absente eo dominium ad maritum ipso jure transferre, ne
« mulier maneat indotata. » L. 9, § 1, *De jure dotium* (23, 3).

D'assez nombreux essais ont été tentés pour concilier ces deux textes.

M. Sell[1] pense que la décision d'Ulpien se rapporte à une espèce dans laquelle il y aurait eu un mandat *dotis consti-tuendæ*, mandat qui aurait été naturellement révoqué par la mort du mandant. Cette interprétation est purement divi-natoire.

D'après M. de Savigny[2], le texte d'Ulpien se rapporterait au cas d'une chose *mancipi* qui aurait été livrée et non mancipée. Le donataire qui ne peut devenir propriétaire que par la mancipation de la chose livrée, a, contre le dona-teur, pour exiger cette mancipation, une action personnelle qui naît au moment où la condition vient à s'accomplir. Mais si la donation a été faite à une personne non privilé-giée, au delà du *quantum* fixé par la loi Cincia, l'action du donataire contre l'héritier sera paralysée par l'exception

---

[1] *Op. cit.*, p. 117 et suiv.

[2] *Ueber die lex Cincia*, dans le recueil intitulé : *Zeitschrift für ge-schichtliche Rechtswissenchaft*; voyez aussi *Syst.*, § 160, note r.

Cinciæ legis, ou une exception *in factum* [1]. Cette exception passe aux héritiers, de sorte qu'Ulpien pouvait à bon droit soutenir que le domaine de la chose donnée ne pouvait pas être arraché à l'héritier contre son gré, sans admettre pour cela en principe que la mort du cédant met obstacle à l'effet de l'accomplissement de la condition. Les compilateurs auraient, suivant M. de Savigny, conservé cette décision sans réfléchir qu'elle n'avait pas d'application possible dans le droit de Justinien.

M. Pellat [2] fait observer que, d'après les expressions employées par Ulpien, l'obstacle qui s'oppose à la translation de la propriété naît dans la personne de l'héritier, tandis que, d'après l'explication de M. de Savigny, l'obstacle aurait existé aussi bien dans la personne du donateur lui-même que de son héritier. Ulpien dit d'ailleurs formellement que c'est ici la translation de la propriété qui ne peut s'opérer (*vereor ne non possint in dominio ejus effici.... a quo discedere rerum non posse dominium*), ce qui prouve qu'il ne s'agissait pas dans l'espèce de la loi Cincia, dont les prohibitions n'apportaient aucun obstacle à la translation de la propriété. (*Si plus donatum est, non rescindit.*) Enfin, l'exception de la loi Cincia proposée par l'héritier aurait été, dans l'espèce, repoussée par une *replicatio doli*, en vertu de la règle : *Morte Cincia removetur*. Il suffisait, en effet, que le donateur eût persévéré dans la volonté de donner pour que les dispositions de la loi Cincia devinssent inapplicables contre l'héritier.

M. Pellat pense, en résumé, qu'il existait une antinomie réelle entre les décisions données par Ulpien et par Julien, et que, pour faire disparaître cette antinomie, les compilateurs auraient ajouté au texte original d'Ulpien le paragraphe : *Sed benignius est*, etc., dont la rédaction semble trahir assez manifestement l'origine.

Les objections élevées par M. Pellat contre l'explication

[1] *Fragm. Vatic.*, § 310.
[2] *Textes sur la dol*, p. 84 et suiv.

proposée par M. de Savigny, me semblent pleinement fondées, et je ne crois pas qu'Ulpien ait eu ici en vue une application de la loi Cincia. S'il fallait absolument faire ici usage de cette loi, il serait peut-être préférable de supposer que la donation a été originairement faite par le donateur à une personne privilégiée (*persona excepta*), et que l'héritier institué par le donateur n'est pas, au contraire, parent ou allié du donataire au degré voulu. L'exception tirée de la loi Cincia aurait pu dans cette hypothèse être considérée comme naissant dans la personne de l'héritier, mais rien ne nous conduit à penser que l'héritier ait été autorisé à invoquer une exception qui n'aurait pas pu être invoquée par son auteur.

Quant à l'explication proposée par M. Pellat, elle a, selon moi, l'inconvénient de s'appuyer sur la double hypothèse d'une contradiction entre Julien et Ulpien, et d'une interpolation destinée à dissimuler cette contradiction. La contradiction qui aurait existé entre la doctrine d'Ulpien et celle de Julien serait d'autant plus surprenante que nous ne trouvons nulle part ailleurs la trace d'une controverse à cet égard. L'hypothèse d'une interpolation est, d'un autre côté, peu admissible; car on concevrait difficilement que les compilateurs eussent eu recours à ce moyen pour résoudre une antinomie qu'il leur eût été bien plus facile d'éviter entièrement en s'abstenant d'insérer le texte d'Ulpien.

Je serais plus porté à admettre, avec M. de Vangerow [1], que la *conditio si nuptiæ secutæ fuerint* appartenait à une classe spéciale de conditions que les commentateurs ont appelées : *conditiones juris et de jure*, et qu'ils ont rangées parmi les éléments substantiels des actes qui leur étaient soumis. La dot ne peut exister sans le mariage, et la consommation préalable du mariage doit, par suite, être considérée comme l'un des éléments substantiels (*essentialia negotii*) de la dot. Il est donc possible que, dans le cas où certaines choses avaient été données : *ut nuptiis secutis dotis*

---

[1] *Pandekt.*, § 95.

efficiantur, les jurisconsultes aient hésité à reconnaître à une pareille donation une existence même conditionnelle avant la consommation du mariage. On concevrait alors que, la donation étant encore à l'état de simple projet au moment de la mort du donateur, Ulpien ait décidé que, dans la rigueur du droit, l'héritier pouvait se refuser à donner suite à ce projet, et qu'il ait ensuite ajouté que, par faveur pour le mariage, il était cependant préférable d'assimiler ce cas à celui des donations conditionnelles ordinaires, et de considérer la translation de la propriété comme s'effectuant de plein droit au moment où la condition s'accomplit.

II

21. Lorsque la tradition était faite sous condition résolutoire, la propriété passait immédiatement du cédant à l'acquéreur [1]. L'effet de l'acte translatif était ici le même que si cet acte eût été pur et simple. Au moment où la condition s'accomplit, la convention en vertu de laquelle l'aliénation a été opérée s'évanouit. Le cédant est réputé ne jamais avoir eu la volonté d'aliéner, ni l'acquéreur la volonté d'acquérir. Mais la propriété de la chose livrée reste néanmoins entre les mains de l'acquéreur, parce que, d'après les principes du droit romain, de même que la volonté des parties ne suffit point pour opérer la translation de la propriété du cédant à l'acquéreur, de même l'anéantissement de leur volonté ne peut également suffire pour opérer en sens inverse la translation de la propriété de l'acquéreur au cédant. L'acquéreur reste donc propriétaire; seulement sa propriété, survivant à la convention qui lui avait donné naissance, devient illégitime, et le cédant peut en poursuivre la rétrocession à l'aide d'une action personnelle.

« Qui ca lege prædium vendidit, ut nisi reliquum pretium

---

[1] Quand la tradition était faite *a non domino*, l'acquéreur pouvait usucaper. L. 41, pr. D. *de R. V.* (6, 1). — L. 4, § 3, D. *de in diem Addict.* (18, 2). — L. 1, pr. D. *de Donat.* (39, 5). — L. 29 D. *de Mort. caus. donat.* (39, 6).

« intra certum tempus restitutum esset, ad se reverteretur :
« si non precariam possessionem tradidit, rei vindicationem
« non habet, sed actionem ex vendito. » L. 3 C. *de Pact.
int. emptor.* (4, 54).

« Si quidem sic dedit mulier, ut statim viri res fiant, con-
« dicere eas debebit misso nuntio [1]. » L. 7, § 3, D. *de Jur.
Dot.* (23, 3).

Ainsi, l'effet de la condition résolutoire était seulement de
donner ouverture à l'exercice de l'action personnelle contre
le cédant, mais la propriété transférée purement et simplement ne pouvait pas être déplacée sans une nouvelle tradition. C'est ce qu'une constitution des empereurs Dioclétien
et Maximien exprimait avec concision en disant que la propriété ne pouvait pas être transférée pour un certain temps
seulement [2].

Telles étaient les conséquences auxquelles conduisait la
stricte application des principes.

Nous trouvons cependant un assez grand nombre de textes
attribuant à l'accomplissement de la condition résolutoire
l'effet de faire revenir *ipso jure* la propriété entre les mains
du cédant, qui peut agir immédiatement par l'action *in rem*
contre l'acquéreur. Ainsi, dans presque tous les textes qui
se rapportent à des ventes faites sous des conditions résolutoires, le cédant est représenté comme ayant le droit de
revendiquer la propriété de la chose vendue dès que la condition vient à s'accomplir.

« Commissoriæ venditionis legem exercere non potest, qui
« post præstitutum pretii solvendi diem, non vindicationem
« rei eligere, sed usurarum pretii petitionem sequi maluit[3]. »
L. 4 C. *de Pact. inter empt.* (4, 54).

---

[1] Voyez aussi l. 6, C. *de Resc. vend.* (18, 5) ; l. 31, § 22, D. *de Ædil.
edict.* (21, 1), et de nombreux textes dans le titre : *De mortis causa donationibus* (30, 6).

[2] *Fragm. Vatic.*, § 283.

[3] Voyez également l. 1 C. *eod. tit.* — L. R D. *de Leg. commiss.*
(18, 3). — L. 41 D. *de R. V.* (6, 1). — L. 1 D. *de in diem Addict.* (18, 2).

Il est probable que cette dérogation aux principes ordinaires était due à l'influence du droit des gens, dont les règles étaient particulièrement suivies à l'égard de tout ce qui se rapportait au contrat de vente. Lorsqu'il avait été convenu que l'événement de la condition aurait pour effet d'annuler la vente, la règle qui s'opposait au retour *ipso jure* de la propriété entre les mains du cédant mettait obstacle à la réalisation de la volonté des parties contractantes, qui, le plus souvent, ne distinguaient pas entre le contrat de vente proprement dit et l'acte opérant la translation du droit de propriété. L'annulation de la vente devant, dans l'intention des parties, entraîner l'annulation de l'aliénation elle-même et permettre, par conséquent, au cédant de revendiquer la propriété de la chose vendue, les jurisconsultes romains avaient pu ainsi être portés à déroger pour ce cas aux règles ordinaires et à donner au cédant le choix entre l'action réelle et l'action personnelle.

Il paraît même que cette exception a été plus tard généralisée et qu'elle a été étendue notamment au cas de donations à cause de mort faites sous conditions résolutoires. Ulpien décide ainsi dans deux textes insérés l'un et l'autre au titre *des Donations à cause de mort :*

« Si mortis causa res donata est, et convaluit qui dona-
« vit : videndum, an habeat in rem actionem ? Et si quidem
« sic donavit, ut si mors contigisset tunc haberet, cui dona-
« tum est, sine dubio donator poterit rem vindicare : mortuo
« eo, tunc is cui donatum est. Si vero sic, ut jam nunc ha-
« beret, redderet, si convaluisset, vel de prœlio, vel peregre
« rediisset : potest defendi, in rem competere donatori, si
« quid horum contigisset : interim autem ei, cui donatum
« est. Sed et si morte prœventus sit is, cui donatum est,
« adhuc quis dabit in rem donatori. » L. 29 D. *de Mort.*
caus. don. (39, 6).

« Qui mortis causa donavit, ipse ex pœnitentia condictio-
« nem, vel utilem actionem habet. » L. 30, D. *eod.*

On voit qu'Ulpien se prononce ici avec une certaine hési-

tation (*potest defendi*) et qu'il donne son opinion comme
étant en contradiction avec la doctrine généralement adoptée [1]. Justinien a consacré l'opinion d'Ulpien en l'insérant
au Digeste, et il paraît même avoir fait la règle de ce qui
n'était autrefois que l'exception ; car, en rapportant dans son
Code la constitution par laquelle les empereurs Dioclétien et
Maximien exprimaient que la propriété ne peut pas être
transférée *ad tempus*, il l'a entièrement remaniée et lui a fait
exprimer précisément l'inverse du principe qu'elle avait été
originairement destinée à consacrer [2].

Ainsi, en résumé, la tradition faite sans condition résolutoire transférait la propriété comme une tradition pure et
simple. Lorsque la condition venait à s'accomplir, deux systèmes étaient en présence : suivant le premier, le cédant
n'avait que l'action personnelle pour obliger l'acquéreur à
lui retransférer la propriété. Suivant le second, le cédant avait
au contraire le choix entre l'action personnelle et l'action
réelle.

Dans le premier système, la propriété faisait retour au
cédant, à partir seulement du moment où l'acquéreur lui en
opérait la translation, et dans l'état où elle se trouvait à ce
moment. Tous les droits réels créés par l'acquéreur sur la
chose cédée pendant le délai qui s'est écoulé entre la première
tradition et la seconde étaient maintenus, la révocation de
l'aliénation n'agissait que sur l'avenir, sans porter atteinte
au passé (*dominium revocabile ex nunc*). L'acquéreur était
simplement forcé de tenir compte au cédant des bénéfices
qu'il avait faits en disposant de la chose [3].

Dans le second système, au contraire, lorsque la propriété
revient, quand s'accomplit la condition, se fixer de plein

[1] Voyez Pollat, *de la Propriété et de l'Usufruit*, p. 280.

[2] « Si rerum tuarum proprietatem dono dedisti, ita ut, post mortem ejus qui accepit, ad te rediret, donatio valet, cum etiam ad
tempus certum vel incertum ea fieri potest, lege scilicet quæ ei
imposita est conservanda. » L. 2 C. *de Donat. quæ sub mod.* (8, 55).

[3] L. 37, § 1, D. *de Mort. caus. donat.* (39, 6).

droit sur la tête du cédant, tous les droits réels nés du chef de l'acquéreur sur la chose livrée s'évanouissent aussi de plein droit, et la propriété revient au cédant dans l'état où elle se trouvait au moment de l'aliénation [1] (*dominium revocabile ex nunc*). Une exception avait été introduite à cette règle pour le cas où la condition était purement potestative de la part de l'une des parties. Dans le cas d'un *pactum displicentiœ*, par exemple, les droits réels consentis par l'acquéreur survivaient à la révocation de l'aliénation [2]. Il n'aurait pas été équitable de laisser les tiers acquéreurs exposés à subir les conséquences d'un pur caprice de celui qui leur avait conféré les droits dont ils jouissaient.

22. Aussi longtemps que la condition reste en suspens, l'acquéreur fait siens les fruits de la chose livrée; il est, en effet, propriétaire et doit jouir de tous les attributs du droit de propriété.

Lorsque la condition s'accomplit, soit que l'on suivît le système en vertu duquel la propriété revient de plein droit au cédant, soit que l'on admît le système contraire, le cédant conserve toujours le droit de se faire restituer les fruits produits par la chose depuis le moment de la tradition jusqu'à celui de l'accomplissement de la condition. Il avait paru naturel de ne pas séparer l'accessoire du principal et, puisque l'événement de la condition devait avoir pour effet de faire recouvrer la propriété au cédant, cet événement devait également avoir pour conséquence d'attribuer au cédant le droit aux fruits qui avaient été perçus pendant que la chose livrée était hors de ses mains. On ne faisait pas de distinction à cet égard entre les fruits consommés et les fruits existants au moment de l'accomplissement de la condition. Sous ce rapport, l'acquéreur était traité comme un possesseur de mauvaise foi. Cet acquéreur savait que la propriété pou-

---

[1] L. 3 D. *Quib. mod. pign.* (20, 6). — L. 4, § 3, D. *de in diem Addict.* (18, 2).

[2] L. 3 D. *Quib. mod. pign.* (20, 5).

vait lui échapper un jour ; il devait donc agir en conséquence, et accumuler les fruits qu'il percevait et dont il savait que la restitution pouvait lui être demandée[1].

Il reste à examiner par quelle action le cédant pouvait poursuivre la restitution des fruits. Dans le cas où le cédant n'avait que l'action personnelle pour se faire retransférer la propriété, il n'avait évidemment aussi qu'une action personnelle à exercer contre l'acquéreur pour obtenir la restitution des fruits. Ainsi, dans le cas de donation à cause de mariage, ou à cause de mort, le donateur poursuivait la restitution des fruits à l'aide de la condition[2].

Lorsque le cédant avait, au contraire, l'exercice de l'action *in rem* pour se faire restituer la chose livrée, il semblerait naturel de penser que la restitution des fruits devait être poursuivie à l'aide de la même action. Tous les textes qui se rapportent à cette question ne donnent cependant au cédant que la chose personnelle, et aucun d'eux ne mentionne l'action *in rem* comme pouvant s'appliquer à la restitution des fruits[3]. Faut-il en conclure que cette restitution ne peut jamais être poursuivie par l'action réelle ? Les interprètes sont fort divisés sur cette question.

Quelques-uns[4] pensent que les textes du Digeste qui se rapportent à cette question sont tous relatifs au cas où la propriété ne fait point retour de plein droit au cédant, et où, par conséquent, il ne peut exercer à aucun titre l'action en revendication. Cette opinion n'est pas soutenable. Les textes que j'ai cités, et un grand nombre d'autres, s'appliquent, au contraire, exclusivement à des cas où l'accom-

---

[1] « Quoniam scit posse sibi condici. » L. 39 D. *de Mort. caus. don.* (39, 8).

[2] L. 7, § 1, D. *de Cond. causa data* (12, 4). — L. 12 D. *eod.* — L. 38 pr. et § 3, D. *de Usur. et fruct.* (22, 1).

[3] L. 6, § 1, D. *de Contrah. empt.* (18, 1). — L. 4 pr. D. *de Leg. comm.* (18, 3). — L. 16 D. *de in diem Addict.* (18, 2), etc., etc.

[4] Par exemple, Zimmern, *Archiv. fur civ. prax.*, p. 252 et suiv.

plissement de la condition fait revenir de plein droit la propriété sur la tête du cédant, et lui confère, par conséquent, l'exercice de l'action *in rem*.

Je crois, avec la majorité des auteurs[1], que nos textes ne font mention que de l'action personnelle, parce que cette action était le plus généralement applicable et la plus avantageuse au cédant, mais que, dans un grand nombre de cas, le cédant avait le choix entre l'action réelle et l'action personnelle.

Je ferai d'abord observer qu'aucune difficulté ne peut s'élever au sujet des fruits qui sont encore réunis à la chose au moment de l'accomplissement de la condition. Si le cédant a l'action réelle contre l'acquéreur, ces fruits sont nécessairement compris dans la revendication de la chose elle-même, dont ils ne forment qu'une partie[2]. Quant aux fruits consommés, ils ne peuvent jamais être répétés qu'à l'aide de l'action personnelle (res extinctæ vindicari non possunt). Il ne peut donc s'élever de doute qu'à l'égard des fruits séparés de la chose, et non consommés au moment où la condition vient à s'accomplir. Ici quelques distinctions deviennent nécessaires.

Si les fruits dont la répétition est poursuivie existaient déjà au moment de la tradition, ils peuvent être répétés par l'action personnelle ou par l'action réelle. Du moment où le cédant avait la propriété des fruits à l'époque de la tradition, l'acquéreur devient propriétaire de ces fruits par leur perception ; mais son acquisition est résolue par l'effet de la résolution de son droit sur la chose cédée, et la propriété des fruits, comme celle de la chose elle-même, fait retour au

---

[1] Voyez, entre autres, Thibault, *Civil. Abhand.*, 17e *Abhand.*; Sell, *Bedingte Tradit.*, p. 237.

[2] L. 44 D. *de R. V.* (6, 1). On ne pouvait appliquer ici le principe consacré par le sénatus-consulte juventianien, L. 20, § 6, 22, 25, D. *de H. P.* (5, 1) ; car l'acquéreur ne pouvait pas être considéré comme ayant cessé de posséder par dol.

cédant, qui peut dès lors exercer séparément, s'il le juge convenable, la revendication des fruits[1].

Si les fruits sont nés après la tradition, et qu'ils aient été perçus par l'acquéreur avant l'événement de la condition, on pense généralement que le cédant, n'ayant jamais eu aucun droit de propriété sur ces fruits, ne pourra pas les répéter à l'aide de l'action *in rem*. Je pense, au contraire, que l'action réelle est admissible, même dans ce cas. La perception des fruits par l'acquéreur peut, en effet, être considérée comme une suite de la tradition principale et comme un accessoire de cette tradition. L'acquéreur ne perçoit les fruits que par la volonté du cédant, et en vertu de la remise tacite qui lui en est faite[2]. L'acquisition des fruits se trouve donc opérée sous les mêmes conditions que l'acquisition de la chose, et ces deux acquisitions doivent, par suite, être simultanément résolues par l'événement de la condition.

On voit ainsi que, dans un certain nombre de cas, le cédant devait, en vertu des principes ordinaires, avoir le choix entre l'action réelle et l'action personnelle. Il est, du reste, fort naturel que nos textes ne parlent que de l'action personnelle qui devait être le plus fréquemment employée, puisque seule elle restait ouverte au cédant, toutes les fois que les fruits n'existaient plus en nature.

---

[1] M. Sell (*loc. cit.*) croit trouver la confirmation de cette théorie dans la loi 50 D. *de Jur. Fisci* (49, 14), où Paul emploie le mot *pertinere* pour qualifier la relation de droit qui existe entre le cédant et les fruits après l'événement de la condition.

[2] C'est ce qu'Ulpien enseigne pour le cas d'une pierre que le propriétaire permet d'extraire de son champ : l'acquéreur devient propriétaire de la pierre au moment de l'extraction, et Ulpien ajoute : « Quia quodam modo traditione meus factus sit. » L. 6 D. *de Donat.* (39, 5). L'analogie est évidente, bien que les pierres extraites d'un fonds ne puissent pas en général être considérées comme des fruits.

TROISIÈME PARTIE.

DES FORMES DE LA TRANSLATION DU DROIT DE PROPRIÉTÉ DANS QUELQUES CAS PARTICULIERS.

---

23. J'ai, au début de cette étude, énoncé comme règle fondamentale et ne souffrant en droit romain aucune exception, le principe en vertu duquel la convention des parties doit, pour opérer la translation du droit de propriété, se manifester extérieurement par l'accomplissement soit de la cession juridique ou de la mancipation, soit de la tradition. L'application absolue et constante de cette règle n'est pas néanmoins unanimement admise, et les commentateurs ont cru reconnaître un certain nombre de cas dans lesquels la convention aurait eu, à elle seule, le pouvoir de transférer la propriété. D'un autre côté, il existe des cas où l'accomplissement de l'un des actes translatifs ne suffit point pour opérer la translation de la propriété, et où des conditions accessoires sont requises pour parfaire cette translation.

C'est de l'examen de ces anomalies apparentes ou réelles que je vais actuellement m'occuper.

A.— *Examen des cas où la seule convention aurait suffi pour opérer la translation de la propriété.*

1° Communicatio bonorum.

24. Lorsque deux ou plusieurs personnes contractent une société *omnium bonorum*, la propriété des biens de chacun des associés devient immédiatement commune entre tous.

Quelques auteurs [1] admettent que le transport réciproque de propriété qui produit ainsi l'indivision entre les parties est le résultat de la seule convention, et que ce cas constitue, par suite, une dérogation manifeste aux principes ordinaires. Ces auteurs s'appuient sur le texte suivant :

« In societate omnium bonorum omnes res quæ coeun-
« tium sunt, continuo communicantur... quia licet specia-
« liter traditio non interveniat, tacita tamen creditur inter-
« venire. » L. 1, § 2 ; L. 2, D. *pro Socio* (17, 2).

On ajoute que la translation *ipso jure* ou, pour employer le langage des commentateurs, le *transitus legalis*, aurait été admis à raison des difficultés qu'eût présentées la tradition individuelle de chaque objet à chacun des associés.

Je crois préférable d'admettre, avec M. de Savigny [2], que la *tacita traditio* dont parle Gaïus, dans le texte qui vient d'être cité, doit s'entendre d'une tradition effectuée à l'aide d'un constitut possessoire. Chaque associé est censé, au moment où le contrat se forme, avoir la volonté de posséder dorénavant pour lui et pour ses co-associés. En adoptant cette explication, on évite d'admettre, sur l'autorité douteuse d'un seul texte, une exception à l'une des règles les plus fondamentales du droit romain.

Il faut, d'ailleurs, observer que l'option entre les deux systèmes d'interprétation n'intéresse pas seulement la doctrine, mais entraîne des conséquences pratiques importantes. S'il y a *transitus legalis*, la communication s'opère, non-seulement à l'égard des biens dont chaque associé est en possession, mais encore à l'égard de tous ceux dont il a la propriété. Si la tradition s'opère, au contraire, à l'aide d'un constitut possessoire, chaque associé ne pourra transférer aux autres co-associés que les biens dont il a la possession civile au moment de la formation du contrat.

---

[1] Entre autres, Puchta, *Pandekten*, § 148, note *b*.
[2] *Recht des Besitzes*, § 27.

2° Donations à cause de mort.

25. Quelques auteurs [1] ont enseigné que certaines donations à cause de mort constituaient un cas de *transitus legalis*. Leur opinion se fonde sur un texte dans lequel Paul semble établir une assimilation entre la manière dont s'opère la translation du droit de propriété dans le cas d'un legs et dans celui d'une donation à cause de mort. Je dois commencer par citer ce texte qui, pour être intelligible, doit être précédé du dernier paragraphe de la loi précédente tirée de l'ouvrage d'Ulpien sur l'Edit :

« Sed cur traditionis duntaxat et usucapionis fecit
« mentionem (prætor), cum satis multæ sint juris partes,
« quibus dominium quis nanciscetur? Ut puta legatum. »
(Ulpien.)

« Vel mortis causa donationes factæ, nam amissa posses
« sione competit Publiciana, quia ad exemplum legatorum
« capiuntur. » (Paul) L. 1, § 2; L. 2, D. *de Publ. act.*
(6, 2).

En s'arrêtant au sens apparent de ce texte, on peut en conclure que la donation pour cause de mort transférait la propriété *ipso jure* comme le legs *per vindicationem*, et que c'est à cet effet des donations pour cause de mort que Paul fait allusion quand il dit : *Quia ad exemplum legatorum capiuntur*. Mais il est difficile de penser qu'une dérogation aussi importante aux principes fondamentaux du droit eût été énoncée d'une manière indirecte et purement incidente, alors que les titres du Digeste et du Code relatifs, soit aux donations à cause de mort, soit à la théorie générale de la translation du droit de propriété, sont complétement muets à cet égard. Toutes les fois, en effet, qu'il s'agit de donations à cause de mort, l'emploi de la tradition ou de tout autre acte translatif y est mentionné, ou tout au moins sous-en

---

[1] M. Pellat en donne l'énumération dans son ouvrage : *De la Propriété et de l'Usufruit*, p. 156.

tendu. Enfin, ce qui semble devoir faire rejeter définitivement l'admission d'une semblable hypothèse, c'est que Justinien, dans la constitution par laquelle il munit les pactes
de donation de l'action personnelle, .ne mentionne en aucune manière l'effet bien autrement remarquable qui aurait
déjà été attribué par l'ancien droit aux donations pour cause
de mort.

On peut, d'ailleurs, expliquer le texte en question d'une
manière satisfaisante sans faire violence à la règle : *non
nudis pactis dominia transferuntur.*

Il faut d'abord observer que ce texte se rapporte essentiellement à l'exercice de l'action publicienne. On sait que
dans l'ancien droit romain il existait une controverse sur la
nature des donations à cause de mort qui étaient assimilées
par les uns aux legs, et par les autres aux donations entre-
vifs. Paul établit dans notre texte un rapprochement entre
les legs et les donations à cause de mort au point de vue de
l'action publicienne. Cette action n'est ordinairement donnée
qu'à celui qui a été mis en possession par tradition. Mais il
est pourtant des cas où l'exercice de la publicienne peut être
indépendant de toute tradition antérieure. Le legs et la donation pour cause de mort offrent précisément deux de ces
cas.

Je suppose, en effet, que la chose d'autrui m'ait été lé-
guée *per vindicationem*, et que j'en aie pris possession sans
opposition de la part de l'héritier[1], j'aurai, si je viens à
perdre la possession de cette chose, l'exercice de la Publicienne, bien que la possession ne m'ait été déférée par aucune tradition proprement dite[2].

Si, d'autre part, la chose d'autrui m'a été donnée pour
cause de mort, et que cette chose m'ait été mancipée ou

---

[1] Ce défaut d'opposition est nécessaire pour échapper à l'interdit
Quod legatorum.

[2] Je dis: tradition *proprement dite,* car le défaut d'opposition de
l'héritier (*patientia heredis*) donne à la prise de possession le caractère
d'une quasi-tradition.

cédée *in jure*, je pourrai également exercer l'action publicienne pour la revendiquer, en supposant que j'en aie successivement saisi, puis perdu la possession après la mort du donateur. J'aurai ainsi, dans le cas de donation à cause de mort, l'action publicienne en vertu d'une possession qui ne dérive cependant pas d'une tradition *ex justa causa* [1].

Il existe donc, à ce point de vue, entre le cas du legs et celui de la donation pour cause de mort une analogie évidente qui a été relevée par Paul dans le texte cité plus haut. Les compilateurs ont inséré ce texte au Digeste, sans réfléchir qu'il était devenu sans application possible depuis la suppression de la mancipation et de la cession *in jure* [2].

3° Privilége des églises, des fondations pieuses et des villes.

26. Il était autrefois assez généralement admis que les églises, les fondations pieuses et les villes avaient reçu de Justinien le privilége d'acquérir la propriété sans le secours d'aucun acte translatif.

On s'accorde, au contraire, maintenant à reconnaître que cette décision reposait sur une fausse interprétation de la constitution de Justinien.

Cet empereur avait accordé aux églises et aux fondations pieuses le bénéfice de la prescription libératoire de cent ans, en ces termes :

[1] Dans ce dernier cas, l'opposition même de l'héritier serait indifférente, car l'interdit *Quod legatorum* ne s'applique pas aux choses données à cause de mort. L. 1, § 5, D. *Quod legat*. (43, 3).

[2] M. Pellat (*Propr. et Usufr.*, p. 458 et suiv.) pense que le texte de Paul est applicable même au droit de Justinien, et que ce jurisconsulte avait en vue le cas d'une donation à cause de mort faite sous condition suspensive. L'hypothèse d'une tradition, même sous condition suspensive, me paraît inconciliable avec les paroles du texte d'Ulpien qui servent de préambule au texte de Paul : *Sed cur traditionis duntaxat*, etc. Ces paroles obligent à chercher l'explication du texte de Paul dans une espèce où l'exercice de la Publicienne est indépendant de toute tradition, soit pure ou simple, soit conditionnelle.

« Si quis aliquam reliquerit hereditatem, vel legatum,
« vel fideicommissum, vel donationis titulo aliquid dederit
« vel vendiderit,...... vel donatorum vel venditorum vel
« relictorum eis sit longæva exceptio..... In his autem om-
« nibus casibus, *non solum personales actiones* damus, sed
« etiam *in rem* et hypothecariam, secundum nostræ con-
« stitutionis tenorem quæ legatariis et fideicommissariis hy-
« pothecariam donavit. » L. 23 C. *de SS. Ecclesiis* (1, 2).

On concluait des termes de cette constitution que, par
une faveur spéciale, l'exercice de l'action *in rem* et, par
suite, le transport de la propriété, dépendait de la seule perfection du contrat de donation ou de vente, indépendamment de toute tradition [1]. Mais une étude plus approfondie
du texte démontre que cette action *in rem* ne s'applique
pas aux choses vendues ou données, mais aux choses léguées (*si quis reliquerit vel legatum vel fideicommissum*), et
que Justinien fait ici allusion à la réforme par laquelle il
avait donné aux légataires l'action *in rem* et l'action hypothécaire pour obtenir la délivrance des legs et des fidéicom-
mis [2]. Le but de la constitution que je viens de citer n'est
donc pas d'étendre l'exercice de l'action *in rem* aux cas
de vente ou de donation, mais de proroger de quarante à
cent ans le terme de la prescription extinctive de toutes les
actions données aux églises et aux fondations pieuses. C'est
ce qui ressort clairement de la suite même de cette constitution :

« Et supradictis omnibus unum tantumodo terminum hu-
« manæ vitæ imponimus, id est, centum metas annorum. »

Le privilége concédé par Justinien dans ce texte se rapporte ainsi à la durée et non à la nature de l'action, et ici
encore il n'y a, par suite, aucune dérogation à constater aux

---

[1] Donneau, *Comm. jur. civ.*, liv. IV, chap. II, § 9. — Thibaut, *Arch.
für civ. Prax.*, XX, p. 1. (Cet auteur avait soutenu l'opinion contraire
dans son ouvrage : *System des Pandekt. Rechts*, § 738.)

[2] L. 1 C. *Comm. de leg.* (6, 43).

principes qui régissaient en droit romain la translation du droit de propriété [1].

B. — *Examen des cas où la translation du droit de propriété est subordonnée à l'accomplissement de quelques formalités spéciales.*

1º Vente.

27. Dans les aliénations qui ont la vente pour objet, la translation de la propriété ne résulte pas du seul accomplissement de l'un des actes translatifs. Pour que l'acheteur devienne propriétaire, il faut en outre que le prix de la chose ait été payé au vendeur, à moins que le vendeur n'ait consenti à suivre la foi de son acheteur, ou, pour employer les expressions consacrées, à lui vendre à terme ou à crédit :

« Quod vendidi, non aliter fit accipientis, quam si aut
« pretium nobis solutum sit, aut satis eo nomine factum, vel
« etiam fidem habuerimus emptoris sine ulla satisfactione. »
L. 19 D. *de Cont. empt.* (18, 1).

« Venditæ vero res et traditæ non aliter emptori adqui-
« runtur, quam si is venditori pretium solverit, vel alio
« modo ei satisfecerit, veluti ex promissore aut pignore dato.
« Quod cavetur quidem etiam lege Duodecim Tabularum,
« tamen recte dicitur et jure gentium, id est jure naturali id
« effici. Sed si is qui vendidit, fidem emptoris secutus est,
« dicendum est statim rem emptoris fieri. » § 41 Inst, *de
R. D.* (2,1).

Cette disposition n'était d'ailleurs pas obligatoire. Les parties étaient libres d'y déroger; soit complétement, soit en partie seulement. Ainsi, il pouvait être stipulé que l'acheteur deviendrait immédiatement propriétaire, mais que, si le prix n'était pas payé dans un délai fixé, la propriété ferait de plein droit retour au vendeur. La vente était faite alors sans condition résolutoire, et les jurisconsultes romains

---

[1] Voyez dans ce sens : Puchta, *Pandekt.*, § 148, note *b*. — De Vangerow, *Pandekt.*, § 311, *Anm.* 4.

donnaient à cette condition le nom de *lex commissoria*. Le vendeur pouvait ainsi ne pas exiger le payement, sans pourtant rester entièrement à la merci de l'acheteur. La *lex commissoria* pouvait affecter aussi le caractère d'une condition suspensive, bien que nos textes nous avertissent que ce cas était le plus rare [1]. Il semble, à première vue, que, lorsque le pacte commissoire est conçu sous forme de condition suspensive, il se confond avec la disposition générale et tacite en vertu de laquelle la translation de la propriété est subordonnée au payement du prix. Cette confusion n'est cependant qu'apparente ; car, dans ce cas, le pacte commissoire suspend en même temps la translation du droit de propriété, et l'exigibilité du prix. Ce pacte est donc conçu à la fois dans l'intérêt de l'acheteur et du vendeur, tandis que la règle qui subordonne la translation de la propriété au payement du prix est, au contraire, exclusivement à l'avantage du vendeur, puisqu'elle diffère la translation du droit de propriété, tout en laissant le prix immédiatement exigible.

2º Donations entre-vifs.

28. Les donations avaient été soumises, à Rome, à un droit spécial par la célèbre loi Cincia. Cette loi, qui avait pour but de prohiber les donations faites au delà d'une certaine mesure à des personnes qui n'étaient ni parentes, ni alliées du donateur, n'avait pas été armée d'une sanction civile directe. La donation faite au mépris de ses dispositions n'était pas nulle, et la translation de propriété opérée en vertu d'une semblable donation était considérée comme valable. Le donataire auquel la chose donnée avait été cédée *in jure*, mancipée ou livrée, devenait propriétaire sans que l'acte translatif fût rescindé par la loi qu'il avait

---

[1] « Si fundus commissoria lege venierit, magis est, ut sub conditione resolvi emptio, quam sub conditione contrahi videatur. » L. 1 D. *de Leg. commiss.* (18, 3).

violée[1]. Mais si la donation dépassait la mesure fixée ou n'avait pas été faite au profit d'une personne privilégiée (*persona excepta*), la jurisprudence avait accordé au donateur une exception particulière qui paralysait l'exercice de l'action en revendication du donataire ou de ses ayants-cause, de sorte que, si le donateur venait à rentrer en possession de la chose donnée, le donataire n'avait plus aucun moyen de se le faire restituer[2]. La loi Cincia portait donc obstacle, non à la translation du droit de propriété qui s'opérait dans les conditions ordinaires, mais au seul exercice de l'action *in rem*, qui se trouvait entravé par une exception perpétuelle que le donateur pouvait constamment opposer au donataire ou à ses ayants cause.

La loi Cincia n'a pas été formellement abolie; elle paraît être tombée graduellement en désuétude. La défaveur qui s'attache en général aux donations et la nécessité de les soumettre à une certaine publicité ont amené l'adoption d'autres mesures sur lesquelles je dois m'arrêter maintenant.

29. L'usage paraît s'être de bonne heure établi de faire transcrire les actes de donation sur les registres publics tenus sous la surveillance des magistrats (*professio apud acta*), afin de se réserver une preuve irrécusable de l'existence de ces actes. Cette transcription, qui prit plus tard le nom d'*insinuation*, n'était originairement qu'une formalité purement volontaire. Son omission ne préjudiciait pas à la translation du droit de propriété, de même que son accomplissement ne suffisait pas pour opérer, à lui seul, cette translation[3].

En 316, Constantin signala, dans une constitution[4] adressée au préfet du prétoire Maximin, les abus auxquels le défaut

---

[1] « Si plus donatum sit, non rescindit. » Ulp., *Reg.*, pr. 1.

[2] *Fragm. Vat.*, 266, 310.

Ibid., 266 (b), 268.

[4] Le texte le plus complet de cette constitution, qui est reproduite en partie dans les Codes de Théodose et de Justinien, se trouve dans les Fragments du Vatican, § 249.

de publicité des donations donnait lieu, et il prescrivit comme remède au mal : la rédaction d'un acte en présence de témoins ; — la tradition publique (*advocata vicinitate, omnibusque arbitriis quorum post fide uti liceat*) ; — enfin, l'insinuation de l'acte de donation, quand cette donation avait pour objet des immeubles. De toutes ces formalités, la tradition seule et l'insinuation étaient essentielles en ce qui concernait la translation de la propriété. La tradition était, en effet, nécessaire par application des principes généraux ; le défaut d'insinuation aurait empêché la translation de la propriété et entraîné la nullité de tout l'acte, aux termes d'une constitution [1] du père de Constantin. La rédaction de l'acte et la présence des témoins n'étaient, au contraire, prescrites qu'à titre de conseil, et leur omission devait seulement rendre le juge plus circonspect quand il s'agissait d'admettre l'existence de la donation (*temere non erit fides accipienda*).

En 428, les empereurs Théodose et Valentinien promulguèrent une constitution [2] qui déclarait inutile la justification d'un acte écrit constatant la donation, du moment où la preuve pouvait être administrée à l'aide d'autres moyens (*et si sine scripto donatum quid fuerit, adhibitis aliis idoneis documentis, hoc quod geritur comprobatur*).

Dix ans plus tard, les mêmes empereurs insérèrent dans le Code Théodosien un abrégé de la constitution édictée en 316 par Constantin [3], et dispensèrent de la formalité de l'insinuation les donations d'une valeur au-dessous de 200 solides (environ 2,100 francs) [4].

Justinien a recueilli dans son Code les deux constitutions de Constantin et des empereurs Théodose et Valentinien [5] ;

---

[1] « Pater noster nullam voluit liberalitatem valere, si actis inscita « non esset. » L. 1 C. Theod. *de Spons.* (3, 5).

[2] L. 29 C. *de Donat.* (8, 54).

[3] L. 1 ; C. Th. *de Donat.* (8, 12).

[4] L. 8 C. Th. *de Spons.* (3, 5).

[5] L. 25 C. *de Donat.* (8, 54).

il a passé sous silence la nécessité d'accomplir la tradition. Cette omission ne doit cependant pas amener à conclure que la tradition était regardée comme inutile pour opérer la translation de la propriété. Dans l'ancien droit, la tradition était nécessaire, non-seulement pour transférer la propriété, mais aussi pour valider le contrat de donation lui-même qui, avant sa réalisation, n'était qu'un simple pacte non muni d'action. Justinien avait décidé, dans une précédente constitution [1], que le pacte de donation engendrait par lui-même une action avant même d'avoir été exécuté, et c'est probablement à cause de cette réforme qu'il a jugé convenable de ne pas mentionner la tradition au nombre des formalités indispensables à la perfection de la donation.

Justinien avait proscrit l'insinuation : *ubi hoc leges expostulant.* Il faisait ainsi allusion à deux constitutions, l'une de 529 [2], l'autre de 531 [3], par lesquelles il avait successivement affranchi de l'insinuation les donations d'une valeur moindre de 300 solides (3,150 francs), et enfin de 500 solides (5,250 francs).

Le défaut d'insinuation avait eu dès avant Constantin, comme je l'ai déjà dit, l'effet de rendre nul l'acte de donation. Diverses constitutions ont confirmé cette disposition [4], et Justinien a édicté de la manière la plus formelle que le défaut d'insinuation rendait nulle la donation et la tradition faite en exécution de la donation, pour tout ce qui dépasse la valeur au-dessus de laquelle l'insinuation est prescrite :

---

[1] L. 35, § 5, C. eod. Cette disposition avait déjà été appliquée aux donations faites par les parents à leurs enfants. — L. 5 C. Theod. de Donat. (8, 12).

[2] L. 34. C. de Donat., 8, 54.

[3] L. 36, § 3, C. eod., § 2, Inst. de Donat. (2, 7).

[4] « Promulgatum dudum est donationes *nullo alio modo firmas posse* « *detineri,* nisi apud actorum contestationem confectæ fuerint. » L. 3 C. Th. de Donat. (8, 12). — « Statutum est *irritas esse donationes* quæ « actorum indicia non haberent. » L. 6 C. Th. eod. — « Quoniam si « quid fuerit prætermissum, *nullius momenti videbitur esse donatio.* » L. 8 C. Th. eod.

« Si quid autem supra legitimam definitionem fuerit, hoc
« quod superfluum est tantummodo non valere : reliquam
« vero quantitatem, quæ intra legis terminos constituta est,
« id suo robore perdurare : quasi nullo penitus alio adjecto,
« sed hoc pro non scripto, vel non intellecto esse credatur. »
L. 34 pr., C. *de Donat.* (8, 54).

Ainsi, lorsque l'insinuation n'est pas effectuée, et que la
valeur de l'objet livré dépasse le *maximum* légal, le donataire et le donateur deviennent propriétaires par indivis. Le
partage s'opère à l'amiable ou par l'office du magistrat. Si
ce partage est impossible, le propriétaire de la plus forte
part peut forcer le propriétaire de la plus faible à la lui céder,
moyennant payement du prix d'estimation. Le défaut d'insinuation n'est pas couvert par la mort du donateur. Cette
disposition, qui est formellement énoncée dans une constitution [1] relative aux donations entre époux ou faites par les
parents à leurs enfants, doit être appliquée également à
toute autre espèce de donation.

L'insinuation rend la translation de la propriété valable à
partir du jour où cette donation a été faite. Cet effet rétroactif de l'insinuation est d'ailleurs soumis aux règles ordinaires
qui régissent les effets des ratifications [2].

Nos textes sont muets à l'égard des autres effets du défaut
d'insinuation relativement au transport du droit de propriété, et l'on est réduit à procéder par voie de conjecture
et de déduction.

Le défaut d'insinuation frappant les donations d'une nullité absolue, on doit en conclure, avec M. de Savigny [3],
qu'une pareille donation ne peut servir de juste titre pour
l'usucapion de la chose donnée que relativement à la partie

---

[1] L. 23 C. *de Don. int. vir. et ux.* (5, 16).

[2] « Et specialis confirmatio (il s'agit ici de l'insinuation) ad illud
« tempus referatur quo donatio conscripta sit : sicut et alias ratihabi-
« tiones negotiorum gestorum ad alia tempora reduci opportet, in
« quibus contracta sunt. L. 25 C. *eod.*

[3] *Syst.*, § 107.

de cette chose d'une valeur au-dessous de 500 solides. Le défaut d'insinuation ne pouvait donc pas être couvert par l'usucapion, comme l'était, dans l'ancien droit, le défaut d'observation des prescriptions de la loi Cincia. Le donataire doit être considéré comme possesseur de mauvaise foi pour ce qui, dans la valeur de la chose donnée, dépasse 500 solides, à moins qu'il ne puisse justifier de raisons suffisantes pour croire que le propriétaire consentait à laisser la possession entre ses mains.

« Il faut résoudre par les mêmes analogies, » ajoute M. de Savigny, « les autres questions que Justinien a laissées indécises, et leur appliquer de même les principes que les jurisconsultes romains ont développés avec tant de soin au sujet des donations entre époux. Ceci est particulièrement vrai à l'égard des actions. Ainsi, quand le donateur veut revenir sur une donation non insinuée, il peut répéter tout ce que la chose donnée vaut, au delà de 500 solides, soit à l'aide de la revendication, soit de la condiction, suivant que la chose elle-même, ou son prix seulement, se trouve encore entre les mains du donataire. Il n'est pas impossible que les compilateurs aient considéré comme inutile de déterminer les effets du défaut d'insinuation, précisément parce qu'ils ont pensé que les règles compendieusement développées au Digeste, à l'égard des donations entre époux, seraient applicables dans ce cas. »

Certaines donations étaient dispensées d'insinuation, quelle que fût leur valeur. Il en était ainsi :

Des donations faites par l'empereur à des particuliers, ou par des particuliers à l'empereur [1];

Des donations faites pour la reconstruction d'une maison tombée en ruine ou incendiée [2];

Des donations faites pour le rachat des captifs [3] (*piissima causa*);

----

[1] L. 34 pr. C., *de Donat.* 8, 54, nov. 52, chapitre II.

[2] L. 38, § 2, C. *eod.*

[3] L. 30, pr. C. *eod.*

Des donations de choses mobilières faites, à titre de récompenses, par le maître de la milice à des soldats, pour action d'éclat[1].

L'exception la plus importante était celle qui existait en faveur de la dot[2]. Je ferai observer que cette exception n'était pas nécessaire quand la dot était fournie au mari par la femme, car alors la constitution de dot n'était point une donation. La dispense d'insinuation ne formait une exception introduite par faveur pour le mariage, que dans le cas où la dot était constituée *animo donandi* par un étranger.

3° **Donations entre époux.**

30. Les donations entre époux étaient absolument prohibées par l'ancien droit romain : la tradition faite en exécution d'une semblable donation ne transférait point la propriété, bien qu'habituellement la nullité de l'acte servant de cause n'entraînât pas la nullité de l'acte translatif. Cette dérogation à la règle commune avait été introduite pour assurer d'une manière plus énergique le respect d'une prohibition considérée comme d'ordre public.

La rigueur de l'ancien droit fut plus tard adoucie. La disposition faite par un époux au profit de l'autre restait révocable pendant toute la durée du mariage ; mais si le donateur mourait sans l'avoir révoquée, cette disposition devenait définitive et ne pouvait plus être attaquée par les héritiers du prémourant. Les donations entre époux furent ainsi assimilées aux donations à cause de mort, faites sous condition suspensive.

La tradition faite en vertu d'une semblable donation était donc soumise aux principes que j'ai développés relativement aux traditions sous condition suspensive. On sait que, d'après les règles ordinaires relatives aux traditions condition-

[1] L. 38, § 1, C. *eod.*
[2] L. 31. pr. C. *de Jur. dot.* (5, 12).

5

nelles, l'accomplissement de la condition donnait un effet rétroactif à la tradition et en faisait remonter les résultats au jour même où elle avait été opérée. Le même principe était ici appliqué :

« Si mortis causa donatio inter virum et uxorem facta sit, « morte secuta reducitur ad id tempus quo interposita fuit. » L. 40, D. *de Mort. caus. don.* (39, 6).

Dans certains cas, cependant, où la rétroactivité eût nui au donataire, la jurisprudence avait consacré des anomalies (*vitia*), c'est-à-dire des dérogations au principe ordinaire. La tradition était alors censée avoir été faite seulement au moment de la mort de l'époux donateur [1].

[1] Voyez sur cette question : Savigny, *Syst.* § 170, notes *v* et *w*. — Boissonnade-Boutry, *Donations entre époux*, n°⁸ 42 et suiv.

DROIT FRANÇAIS.

PRÉLIMINAIRES.

31. Les principes qui régissent la translation conventionnelle du droit de propriété s'appliquaient à Rome indistinctement, quelle que fût la nature des choses qui formaient l'objet de ce droit. Ainsi, la translation de la propriété mobilière était soumise aux mêmes règles que la transmission de la propriété des immeubles. Il n'en est plus de même dans notre droit français. Dès que l'on aborde l'étude de ce droit, on est frappé de l'extrême diversité des principes qui y régissent la propriété mobilière et immobilière. Cette diversité est la conséquence nécessaire de la différence extrême qui s'était établie entre l'importance relative de chacune de ces propriétés. La propriété immobilière était le fondement de l'ordre civil et politique, tandis que la propriété mobilière n'occupait qu'un rang tout à fait secondaire. Ce fait, qui doit être ici simplement constaté, avait exercé sur toutes les parties de la théorie du droit de propriété une influence facile à comprendre.

L'étude des formes de la translation conventionnelle de la propriété, pour être complète, devrait donc être faite successivement à l'égard des immeubles et des meubles.

Mais les développements auxquels donne lieu le seul examen de ce qui se rapporte à la translation de la propriété immobilière, sont déjà trop étendus pour qu'il soit possible d'y joindre ceux qui seraient relatifs à la translation de l propriété mobilière, sans excéder de beaucoup les limites qui me sont imposées. Je traiterai donc exclusivement, dans ce qui va suivre, des formes de la translation conventionnelle de la propriété immobilière, et je diviserai les développements dans lesquels je dois entrer à ce sujet en trois parties correspondant à trois périodes différentes de l'histoire de notre droit.

La première de ces trois périodes, qui s'étend depuis la chute de l'empire romain jusqu'à la fin du deuxième siècle, est celle du droit barbare.

La seconde est la période du droit coutumier. Elle s'ouvre à l'époque où le droit, soumis désormais au principe de la territorialité, commence à devenir l'objet d'une science sous l'influence de la reprise des études de droit romain. Cette période se termine à la chute du système féodal, et à la rédaction du Code Napoléon.

La troisième et dernière période est celle de notre droit moderne tel qu'il résulte du Code Napoléon et des lois qui sont venues le modifier postérieurement.

I

DROIT FRANÇAIS ANCIEN.

PREMIÈRE PARTIE.

PÉRIODE DU DROIT BARBARE.

32. Les peuplades germaniques qui envahirent les Gaules et y renversèrent la domination romaine, avaient conservé, en s'établissant dans leur nouvelle patrie, leurs institutions politiques et leurs coutumes. Le droit qui émanait de ces coutumes n'était pas sorti, au moment de l'invasion, de cette période primitive où les formes symboliques sont employées pour exprimer les idées que les esprits ne sont pas encore aptes à saisir à l'état purement abstrait. Ces formes symbo-liques, dont le nombre et la variété constituent l'un des caractères les plus saillants du droit germanique, étaient surtout appliquées aux actes qui avaient la translation de la propriété immobilière pour objet. L'étude de ces formes, dont les descriptions se retrouvent à chaque instant dans tous les monuments juridiques du moyen âge relatifs à des ventes ou à des donations, a été longtemps négligée par les auteurs qui écrivaient sur le droit, et qui n'accordaient guère à la variété, en apparence si confuse, de ces rites qu'un intérêt purement archéologique. M. Jacob Grimm, en Allemagne, a le premier appelé l'attention des jurisconsultes sur ce sujet. Il a donné dans ses Antiquités du droit germanique (*Deutsche Rechtsalterthümer*) une riche énumération de toutes les formes symboliques, et quelques aperçus ingénieux sur leur interprétation et leur classement. Ses recherches ont été

depuis continuées et développées par MM. Beseler, Sandhaas et Michelson, qui se sont particulièrement occupés de l'étude des formes symboliques relatives aux actes translatifs de propriété.

Sans entrer dans l'examen détaillé des idées qui ont été émises par ces savants, je dois présenter ici un court résumé des principaux résultats auxquels ils ont été conduits, et qui peuvent jeter quelque jour sur les origines de la théorie des formes translatives du droit de propriété.

33. Le droit germanique ancien paraît avoir considéré la propriété principalement au point de vue subjectif; la propriété y est constamment représentée comme un attribut de la personne, et les images de la langue du droit primitif conservent en général la trace de cette idée. La plus fréquente de ces images est celle qui consiste à figurer la propriété comme un vêtement, que le propriétaire revêt quand il acquiert son droit, et qu'il dépouille lorsqu'il vient à le perdre[1]. Les autres expressions que l'on rencontre se rapportent à la même idée. La propriété est toujours une qualité qui vient s'ajouter à la personne, ou, au contraire, se retirer d'elle.

En restant dans le même ordre d'idées, l'aliénation se décompose en deux actes successifs. Le premier, auquel correspondent, dans les anciennes formules, les expressions de : *se exutum facere*, *abdicare*, *renuntiare*, etc., consiste dans l'abandon de la propriété par le cédant, dans son dessaisissement ; le second, auquel se rapportent les expressions telles que *induere*, *vestire*, *werpire*, etc., est celui par lequel le cédant revêt l'acquéreur de la propriété dont il vient de se dépouiller[2].

Ces deux actes, dont la réunion formait l'acte translatif

---

[1] Voyez Grimm, *Rechtsalterthümer*, p. 555.

[2] La trace de la distinction faite autrefois entre ces deux éléments des actes d'aliénation se retrouve dans les expressions de *Devest*, *Vest*, *Dessaisine*, *Saisine*, etc.

du droit de propriété, s'accomplissaient tous deux symboliquement.

Le dessaisissement du cédant s'opérait au moyen de la remise, faite à l'acquéreur par le cédant, d'un emblème destiné à figurer le droit que le cédant exerçait sur la chose aliénée, le pouvoir qu'il avait d'en disposer à son gré [1]. Cet emblème était le plus ordinairement un fétu de paille ou une baguette (*festuca, culmus, stipula, baculus, virga, fustis*, etc.). Les autres symboles les plus fréquemment employés pour le même objet étaient le gant, le couteau, et quelquefois même un fragment de la corde servant à sonner les cloches, lorsqu'il s'agissait de vente ou de donations faites par une église ou un monastère. Quelquefois le cédant exprimait sa volonté de se dessaisir par un simple geste. C'est ainsi que, chez les peuplades d'origine saxonne, la tradition se faisait en étendant la main et en repliant les doigts (*traditio incurvatis digitis*).

Le vêtissement de l'acquéreur s'opérait par la remise que lui faisait le cédant, d'un emblème destiné à figurer la chose livrée elle-même. Cet emblème consistait dans une glèbe surmontée d'un chaume, s'il s'agissait d'un champ, par exemple; dans une touffe de gazon, lorsque le bien cédé était en nature de prairie ; dans un rameau, lorsque l'aliénation portait sur une forêt, etc. Ces emblèmes, comme on le voit, correspondaient exactement à ceux par lesquels les Romains représentaient, au dire d'Aulu-Gelle, les immeubles qui faisaient l'objet de la *manus consertio* ou de la cession *in jure* [2].

[1] « Potestas culmo subnixa. » *Trad. fuld.* I, 5. Voyez Grimm, *R. A.*, p. 183 et suiv.

[2] Je n'entre dans aucun détail relatif à la description et à l'énumération de tous les symboles en usage ; je me borne à signaler la distinction fondamentale faite entre les symboles destinés à figurer le dessaisissement du cédant et ceux qui devaient exprimer le vêtissement de l'acquéreur. Les développements à l'appui devront être cherchés dans les ouvrages de MM. Grimm (*Deutsche Rechtsalterthümer*, 1828), Beseler (*Erbvertraege*, 1833), Sandhaas (*Germantstiche Abhandlungen*,

34. L'acte translatif de l'ancien droit germanique consistait ainsi dans la remise solennelle à l'acquéreur d'emblèmes appartenant à deux catégories distinctes, dont les uns étaient destinés à symboliser le dévêtissement du cédant, et les autres le vêtissement de l'acquéreur. Cet acte était ordinairement désigné dans les anciens monuments par le mot latin de *traditio*, ou par le mot germanique de *sala* ou *salunga*. Dans les documents d'origine plus récente, il est désigné aussi par le mot latin de *investitura*, auquel correspond en haut allemand ancien le mot de *giweri* ou *giwerida*.

Les expressions de *traditio*, *investitura*, *sala*, *salunga*, *giweri*, *giwerida*, ont dans les chartes et diplômes postérieurs au neuvième siècle des significations absolument semblables.

Il ne paraît pas cependant en avoir été toujours ainsi. Quelques anciens monuments opposent avec une intention marquée les deux mots de *traditio* et d'*investitura*, et montrent que ces deux expressions avaient à cette époque, dans certains cas au moins, une signification distincte l'une de l'autre. Je citerai notamment le passage suivant, extrait d'un capitulaire de 819 [1] :

« Et coram eis rerum suarum *traditionem* faciat et fide-
« jussores *vestituræ* donet ei qui illam *traditionem* accipit,
« ut *vestituram* faciat. »

Dans ce cas, le mot de *vestitura* a évidemment un sens différent du mot *traditio*. *Traditio* s'applique ici plus spécialement au dessaisissement du cédant, et *vestitura* au vêtissement de l'acquéreur. Les deux parties de l'acte translatif, au lieu d'être réunies sous la même dénomination, étaient mentionnées chacune séparément. Cette circonstance tenait à l'importance que prenait anciennement dans quelques coutumes l'acte par lequel la remise symbolique de la chose livrée était faite à l'acquéreur. Cette remise était quelquefois

1851), et dans deux très-intéressants mémoires de M. Michelsen, intitulés : *Uber die Hausmarke* (1853) ; — *Uber die festuce notata* (1856).

[1] On en trouve le texte entier, avec la traduction en haut allemand ancien, dans le *Corpus juris germanici* de M. Walter, t. II, p. 863.

accompagnée d'une prise de possession réelle entourée de solennités particulières, qui se trouvent décrites dans quelques anciens documents. Ainsi, lorsqu'il s'agissait d'un fonds de terre, l'acquéreur venait y ouvrir un sillon avec sa charrue, ou parcourait l'héritage sur une voiture attelée de ses chevaux[1]. Pour prendre possession d'une maison, l'acquéreur foulait solennellement du pied le seuil de la porte, il ouvrait et refermait cette porte par trois fois différentes, pour établir son droit d'agir dorénavant en maître dans cette maison[2]. D'après quelques coutumes, la prise de possession s'opérait par un séjour de trois jours et de trois nuits, ou de trois nuits seulement, sur le bien cédé[3]. C'est aussi à ces solennités concernant la prise de possession que se rapporte le célèbre passage de la loi salique sur l'*affathomie*[4]. Lorsque le vêtissement symbolique de l'acquéreur était accompagné de cette prise de possession solennelle, il paraît avoir été distingué de l'acte exprimant le dessaisissement du cédant, et désigné sous le nom d'*investiture*.

Quelques auteurs[5] ont basé sur cette distinction établie entre la tradition et l'investiture une théorie d'après laquelle l'investiture, c'est-à-dire la prise de possession effective, entourée de certaines solennités, aurait été l'acte véritablement translatif de propriété, tandis que la tradition symbolique proprement dite n'aurait été, en quelque sorte, que la juste cause de l'investiture. Ce système, qui, de l'aveu même de ceux qui le défendent, n'est pas applicable aux époques postérieures au droit barbare, me paraît inadmissible, même pour les époques les plus reculées de ce droit. Les textes qui mentionnent l'investiture comme un acte distinct de la tradition sont, en effet, peu nombreux. La plupart des diplômes ne font mention que d'un seul acte trans-

---

[1] Grimm, *R. A.*, p. 185, 186.
[2] *Ibid.*, p. 174.
[3] Voyez Sandhaas, *Germ. Abhand.*, p. 50 et 51.
[4] L. Salic., § 46.
[5] Notamment M. Sandhaas, *loc. cit.*

latif, auquel ils donnent indifféremment le nom de *tradition* ou *investiture*, sans donner à l'investiture un effet distinct de celui de la tradition; ou réciproquement. Les textes où l'investiture est opposée à la tradition prouvent donc simplement que dans certains cas la remise de la propriété était accompagnée de la remise solennelle de la possession ; mais rien n'indique que cette remise de la possession fût considérée comme indispensable à la perfection de l'acte translatif.

L'investiture avait simplement pour but et pour effet de donner à l'acquéreur les avantages de la possession de fait, appelée plus tard en français : *saisine de fait*, et en allemand : *habbende gewere*. La remise solennelle de la possession donnait à l'acte translatif une publicité et une authenticité spéciales; il n'est donc pas étonnant que cette formalité ait été en usage dans certains cas où l'acte translatif paraissait avoir besoin d'une confirmation particulière.

Cette explication paraît surtout vraisemblable si l'on observe que le capitulaire cité plus haut, et qui est peut-être le document où l'investiture est le plus nettement opposée à la tradition, se rapporte précisément à des donations faites par des personnes absentes. La crainte de voir ces donations contestées ensuite par les héritiers du donateur avait sans doute porté les parties à donner à l'acte translatif la plus grande solennité possible et à le fortifier par l'adjonction d'une investiture spéciale[1].

Dans tous les cas, il est certain que plus tard le mot d'*investiture* s'est employé, concurremment avec celui de *tradition*, pour désigner l'acte translatif de propriété. Peut-être ce mot désignait-il plus expressément dans cet acte le vêtissement de l'acquéreur, qui se distinguait, comme je l'ai dit, du dessaisissement du cédant. Mais ce sens plus spécial du mot *investiture* n'a pas dû tarder à être oublié; car, à

---

[1] Voyez dans ce sens Grimm, *R. A.*, p. 556. — Walter, *Deutsche Rechtsgeschichte*, t. II, § 515.

mesure que l'on aborde des époques plus avancées du droit,
on voit les deux éléments de l'acte translatif tendre de
plus en plus à se confondre l'un avec l'autre. Ainsi, tandis que dans la plupart des anciens documents et des anciennes formules on voit les symboles, tels que le *festuca*
et le *baculus*, destinés à figurer le dessaisissement du cédant,
employés en même temps que les symboles, tels que le *waso*
ou la *cespis*, qui expriment le vêtissement de l'acquéreur,
on ne rencontre plus en général dans les monuments d'origine plus récente que la mention d'un seul symbole ou
emblème dont la remise par le cédant à l'acquéreur exprimait à la fois le dessaisissement du premier et le vêtissement du second. Quand les deux éléments primitifs de l'acte
furent complétement confondus, toute distinction entre les
termes de *tradition* et d'*investiture* dut en même temps
s'effacer. Les jurisconsultes du moyen âge avaient pourtant
conservé le souvenir de cette distinction, quand ils enseignaient que l'investiture était, à proprement parler, la mise
en possession et, par extension seulement, l'acte symbolique
servant à transférer la propriété[1].

35. L'acte translatif de propriété devait toujours, d'après
l'ancien droit germanique, être accompli en présence d'un
certain nombre de témoins. La plupart des lois barbares
contiennent des dispositions impératives à ce sujet[2]. Deux
capitulaires de Charlemagne prescrivent également d'opérer
toutes les traditions en présence de témoins qui puissent en
garantir ultérieurement l'authenticité[3]. Toutes les formules
et tous les diplômes qui se rapportent à des actes d'aliénation prouvent que ces dispositions étaient scrupuleusement

---

[1] « Investitura quidem proprie dicitur possessio ; abusivo autem
« modo dicitur investitura, quando hasta, vel aliud corporeum quid-
« libet porrigitur a domino se investituram facere dicente. » *Feud.*
lib. II, tit. II pr.

[2] L. Ripuar., 59 et 60. — L. Bajuv., XV, 12. — L. Aleman., 10, 20.
— L. Burgund., 43, 60. — L. Langob., 172.

[3] Cap. Car. magn., A. 803, c. 6 ; A. 800, c. 26.

observées. La seule différence qui puisse être signalée à cet égard entre les différents monuments juridiques est relative au nombre des témoins, qui a varié suivant les époques et les coutumes locales.

Cette extension considérable donnée au rôle des témoins était une conséquence des principes du droit germanique en matière de preuves. Ce droit accordait, en effet, une préférence exclusive à la preuve par témoins. Il était donc naturel que les actes translatifs de propriété, dont les conséquences étaient si importantes au point de vue civil, et même au point de vue politique, dussent toujours être accomplis devant un certain nombre de personnes qui fussent à même de prévenir les contestations et les procès relatifs à la propriété, en témoignant de l'authenticité des actes par lesquels elle avait été transférée. La sollicitude du droit était si grande, à cet égard, qu'il exigeait que les témoins adultes fussent accompagnés d'enfants dont le jeune âge assurait à leur témoignage une plus longue durée[1].

L'usage était aussi généralement répandu de conserver par un acte écrit le souvenir des aliénations opérées. Les *formules* dont quelques recueils nous ont été conservés consistent précisément dans des modèles qui servaient aux clercs pour la rédaction des différents actes d'aliénation. Certaines coutumes faisaient même figurer le parchemin, la plume et l'encrier parmi les symboles employés dans l'accomplissement des actes translatifs[2].

36. La tranlation de la propriété, opérée devant témoins et constatée par écrit, offrait des garanties de publicité et

---

[1] « Si quis villam aut vineam vel quamlibet possessiunculam ab alio « comparavit et testamentum accipere non potuerit, si mediocris res « est, cum VI testibus, si parva cum III ; quod si magna cum XII ad « locum traditionis cum totidem numero pueris accedat, et sic eis præ- « sentibus pretium tradat et possessionum accipiat, et unicuique de « parvulis alapas donet et torqueat auriculas, ut et in postmodum tes- « timonium præbeat. » L. Ripuar., tit. LX, 1.

[2] Formul. Langobard., 8, 9 et 10.

d'authenticité suffisantes dans la plupart des cas pour assurer la sécurité de l'acquéreur. Néanmoins, lorsque les parties voulaient des garanties encore plus énergiques et qu'elles désiraient entourer l'aliénation de toute la solennité possible, les formalités de la translation s'opéraient en justice, c'est-à-dire devant l'assemblée du peuple réuni pour délibérer sur les questions politiques et pour vider les procès civils. C'était devant cette assemblée, devant le *mallum,* que les parties comparaissaient et qu'elles opéraient la tradition dans les formes habituelles. C'est ce qu'enseigne le passage suivant de la loi des Francs Ripuaires :

« Si quis alteri aliquid vendiderit et emptor testamentum
« venditionis accipere voluerit, in mallo hoc facere debet
« et pretium in præsente tradat et rem accipiat et testamen-
« tum publice conscribatur. » L. Ripuar., tit. LIX.

On pourrait vouloir conclure de la généralité des expressions de ce texte que l'acte d'aliénation devait toujours, et en tout cas, être accompli *in mallo.* Mais cette conclusion, même limitée à la coutume des Francs Ripuaires, serait encore trop absolue. Car le paragraphe suivant de la même loi [1] nous apprend que, si l'acquéreur ne peut se faire ainsi transférer la propriété en justice, il doit au moins exiger que l'acte translatif soit accompli devant des témoins dont le nombre est déterminé suivant l'importance de la chose vendue. Les expressions : *Si emptor testamentum accipere* voLUERIT, indiquent d'ailleurs clairement qu'il s'agit ici d'une garantie supplémentaire que l'acquéreur peut exiger, mais dont le défaut n'affecte pas la validité de l'aliénation elle-même.

Aucune autre des lois barbares n'impose la tradition en justice comme forme obligatoire. Toutes les formules et la plupart des diplômes prouvent, au contraire, que la translation de la propriété était un acte du droit privé. Il me paraît donc indubitable que, dans le droit germanique ancien,

<hr>

[1] Tit. LX, cité plus haut, n° 35, note 2.

les parties étaient absolument libres d'accomplir simplement devant témoins la translation de la propriété. La nécessité de la tradition en justice n'a réellement existé qu'à
une époque de beaucoup postérieure, et seulement à partir
du plein développement du régime féodal. Pendant la période du droit barbare primitif, où la propriété allodiale formait encore le cas le plus fréquent, les règles relatives à la
translation de la propriété en justice n'auraient pas eu de
raison d'être suffisante. L'opinion contraire des auteurs tels
qu'Eichhorn [1] et Albrecht [2] semble donc provenir d'une
confusion faite entre le droit de deux époques où le droit de
propriété se trouvait placé dans des conditions absolument
diverses [3].

37. Il me reste, avant de terminer ce rapide exposé des
formes de la transmission du droit de propriété d'après
l'ancien droit germanique, à comparer ces formes à celles
des actes translatifs du droit romain.

Les formes symboliques se retrouvent également dans
l'ancien droit romain. La cession juridique et la mancipation
n'étaient en définitive que de véritables traditions symboliques. La nature de ces actes différait cependant essentiellement de celle des traditions germaniques.

J'ai déjà fait remarquer que, dans la cession juridique,
comme dans la mancipation, c'était l'acquéreur qui jouait le
rôle principal, tandis que le cédant ne prenait part à l'acte
que d'une manière purement passive. Dans la tradition germanique, c'était, au contraire, le cédant qui était en évidence, c'était lui qui déclarait remettre à l'acquéreur la propriété dont il se dépouillait. L'acquéreur jouait ici le rôle
passif et se bornait à recevoir la propriété qui lui était abandonnée. Cette différence si nettement accusée entre les actes

[1] *Staats und Rechtsgeschichte*, § 59, a; *Einleitung in das deutsche
privat Recht*, § 174.

[2] *Die Gewere*, p. 61.

[3] Voyez, dans ce sens : Beseler, *Erbverträge*, 1re part., p. 111. —
Sandhaas, *Germ. Abhand.*, p. 22 et suiv.

symboliques du droit romain et du droit germanique est importante à signaler, parce qu'ici la différence dés formes révèle la différence des points de vue sous lesquels la translation de la propriété était envisagée dans les deux droits.

D'après les idées romaines, l'élément principal de l'acte translatif était l'occupation de la propriété par l'acquéreur. L'acquéreur s'emparait de la chose cédée en invoquant, non pas le droit du cédant et l'abandon que celui-ci en faisait, mais son propre droit qu'il se bornait à affirmer. La translation avait ainsi moins l'apparence d'une succession proprement dite que d'une déréliction suivie d'occupation. Aussi, l'idée de garantie qui procède immédiatement de l'idée de succession n'était que faiblement développée en droit romain. L'acquéreur ne trouvait de sécurité que dans la disposition du droit, grâce à laquelle la possession lui donnait rapidement une propriété inattaquable. L'énergie extrême donnée au principe de l'usucapion était ainsi la conséquence naturelle de l'insuffisance de la garantie par le cédant.

D'après le droit germanique, l'élément principal de la tradition était, au contraire, le dessaisissement du cédant, qui transmettait à l'acquéreur le droit dont il venait de se dépouiller. Ici l'idée de succession était dans une complète évidence, et l'idée de garantie en découlait naturellement. Puisque l'acquéreur tenait tout son droit du cédant, qu'il ne faisait que revêtir la propriété dont celui-ci venait de se dépouiller en sa faveur, il était naturel aussi que ce fût au cédant qu'il eût recours pour chercher secours contre les troubles apportés au droit qui lui avait été transmis. Aussi, l'institution de la garantie était-elle particulièrement développée en droit germanique. Le cédant était obligé de prendre fait et cause pour son ayant-droit; il le représentait et se substituait à lui pour soutenir le procès engagé contre celui qui poursuivait l'éviction.

Par contre, c'était dans la seule garantie du cédant que l'acquéreur pouvait chercher la protection destinée à assurer la stabilité de sa propriété. Le principe de l'usucapion était à peu près étranger au droit allemand. La durée de la possession n'avait pas dans ce droit, comme en droit romain, le pouvoir de compléter et de fortifier l'acquisition imparfaite de la propriété.

Quant à la tradition romaine, elle n'avait évidemment aucun rapport avec la tradition germanique. L'une consistait dans la remise de la possession, l'autre dans le transport de la propriété. La première était un acte qui n'était assujetti à aucune forme déterminée ; la seconde était un acte symbolique dont toute l'efficacité reposait par conséquent sur l'effet attribué par le droit à sa forme extérieure. Ces deux actes n'avaient donc de commun que le nom. Dans la suite de ce travail, j'aurai à montrer comment, malgré leur dissimilitude, ils sont néanmoins arrivés à être presque complétement confondus l'un avec l'autre.

DEUXIÈME PARTIE.

PÉRIODE DU DROIT COUTUMIER.

§ 1. — Droit commun.

38. Le droit barbare ou germanique ancien que je viens de considérer spécialement dans le chapitre qui précède, n'a jamais eu en France un empire exclusif. Il s'est toujours trouvé en présence du droit romain dont l'usage avait été conservé par les populations gallo-romaines qui vivaient confondues avec les peuplades d'origine germanique, et qui étaient restées soumises au droit que les Romains leur avaient autrefois imposé. La participation au droit germanique ayant été envisagée comme un privilége propre aux membres seuls des peuplades conquérantes, le droit romain avait continué à régir les populations vaincues, et, tout en n'occupant plus qu'un rang secondaire, avait pourtant survécu à la chute de la domination romaine.

C'est ainsi que les formes romaines de la translation de la propriété s'étaient perpétuées à côté des formes consacrées par le droit germanique, et, bien que désignés tous les deux sous le nom générique de tradition, les actes translatifs propres à chacun des deux droits n'en étaient pas moins restés distincts les uns des autres. La preuve de cette distinction résulte manifestement des termes de deux formules qui figurent, l'une dans le recueil de Lindenbrog [1], l'autre dans celui de Sirmond [2], et qui se rapportent toutes deux à des traditions faites en vertu de donations ante-nuptiales. La

[1] Form. Lindenbrog., n° 80.
[2] Form. Sirmond., n° 15.

6

tradition est formellement désignée dans ces documents par les expressions de : *traditio, vel introductio locorum secundum legem romanam.* La loi des Bourguignons oppose aussi d'une manière bien expresse la coutume romaine à la coutume barbare, c'est-à-dire à la loi germanique, au sujet des formes de la translation de la propriété [1].

La tradition romaine est donc restée distincte de la tradition germanique pendant la période barbare, et il semblerait naturel de penser que cette distinction a dû être à plus forte raison maintenue et signalée quand le droit a commencé à se fixer sous l'influence de la renaissance des études de droit romain.

J'ai déjà fait observer, en effet, que la tradition germanique différait essentiellement de la tradition romaine telle que la définissaient les jurisconsultes romains, et que ces deux actes n'avaient decommun que la dénomination sous laquelle ils étaient tous les deux désignés.

La tradition germanique était un acte purement symbolique, qui transférait la propriété sans déplacer la possession. Le caractère essentiel de la tradition romaine était, au contraire, d'assujettir absolument la translation de la propriété au déplacement de la possession. Il semblerait donc qu'une différence aussi radicale eût dû empêcher toute confusion entre ces deux actes.

Dès que l'on aborde cependant l'étude des formes translatives de la propriété dans les ouvrages des jurisconsultes du moyen âge, on les voit tous opérer une assimilation complète entre la tradition réelle du droit romain et la tradition symbolique du droit germanique, considérer la seconde comme un cas particulier de la première, et, chose plus singulière encore, attribuer à chacun de ces deux actes l'effet de déplacer la possession. Cette théorie était

---

[1] « Cæterum si quis... vel testari voluerit, vel donare, aut romanum consuetudinem, aut barbaricam esse servandam sciat, si vult aliquid firmitatis habere quod gesserit. » L. Burg., § 60.

présentée par les commentateurs comme déduite des textes des jurisconsultes romains, mais, elle était en réalité, basée tout entière sur cette idée, bien étrangère au droit romain, que le déplacement de la possession peut résulter de l'accomplissement d'un acte purement symbolique.

La tradition considérée en général était définie comme la remise de la possession.

Puis on établissait que cette remise de la possession peut être ou réelle ou symbolique : réelle, si elle consistait dans le délaissement de la possession par le cédant, suivi de l'appréhension réelle de la possession par l'acquéreur; symbolique, si elle résultait du simple accomplissement d'un acte symbolique en vertu duquel la possession passait des mains du cédant entre celles de l'acquéreur.

Pour faire découler cette théorie des textes du droit romain, les glossateurs et leurs successeurs soutenaient que, d'après les jurisconsultes romains, l'acquisition de la possession devait, il est vrai, en principe, résulter du concours de la volonté et du fait, qu'elle devait être opérée *animo et corpore*, mais que cet acte du corps ne devait pas toujours consister dans l'appréhension matérielle de la chose, et qu'il pouvait être remplacé par tout acte auquel le droit attribuait un effet équivalent[1]. Ces actes susceptibles de remplacer l'appréhension matérielle de la chose livrée, pouvaient, suivant les commentateurs, consister dans des actes purement symboliques, et ils prétendaient trouver dans les textes du Digeste et du Code des exemples de cas où la tradition se serait effectuée à l'aide d'actes de cette nature. Tels auraient été les cas où la tradition des marchandises s'opérait par la remise des clefs, la livraison des esclaves par la remise des titres de vente ou de donation, etc. En résumé, la tradition consistait, suivant eux, tantôt dans la remise réelle de la possession, tantôt dans la remise purement symbolique de ce droit.

---

[1] C'est ainsi que s'exprime la glose sur la loi 3 pr. D. *de Adq. poss.* (11, 2) : « Animo solo non potest adquiri possessio, nisi interveniat

La théorie dont je viens d'indiquer les traits généraux était adoptée dans son ensemble par tous les jurisconsultes ; elle se trouve reproduite par tous les auteurs qui ont écrit sur cette partie du droit depuis la fin du moyen âge jusqu'au commencement de ce siècle. Assurément, bien des nuances s'étaient produites. Ainsi, de grandes divergences existaient entre les auteurs quant au classement des différentes espèces de tradition, et sur la question de savoir si tel ou tel mode de tradition constituait une tradition réelle ou une tra· dition symbolique. Aucun auteur n'avait poussé les choses au point de qualifier de tradition symbolique toute tra- dition qui n'était pas effectuée au moyen du contact maté- riel de la chose livrée ; mais tous établissaient des distinctions arbitraires, et classaient d'après ces distinctions les différents exemples qui se trouvent consignés dans les textes des juris- consultes romains.

Il serait trop long et peu intéressant d'entrer dans le dé- tail de tous les systèmes qui se sont produits. Je me bornerai à rappoter ici, à titre d'exemple, une partie des développe- ments que Donneau a laissés sur ce sujet. Sa doctrine, bien que lui étant propre à certains égards, peut servir à donner une idée très-exacte de la théorie qui était alors générale- ment adoptée.

Donneau, après avoir parlé du rôle de la volonté dans l'acquisition de la possession, continue en ces termes[1] :

« Non est animus ad adquirendam possessionem satis :
« etiam corpore adquiri debere placet. — Corpore adquiri
« possessionem sic accipiendum est, non ut necesse sit
« semper corpore rem contingere et prehendere quam pos-
« sidere volumus : sed ut, præter animum, corporis quoque
« actus intervenire debeat ad adquirendam possessionem,
« non quivis, sed qui ad eam rem juris sit cognitus.

« apprehensio corporalis. Dicunt quidam, *vel aliud quod pro apprehen· sione habetur.* »

[1] *Comm. jur. civ.*, lib. V, cap. IX.

« Ejusmodi actus duplex est : *naturalis*, et quem docendi
« causa ita nominare liceat, *adscititius*. Naturalis est corpo-
« ris prehensio ipsius rei possessæ......., Adscititium voco,
« qui prehensionem rei non habens, accersitus est et admis-
« sus aliunde qui eo loco esset, ut pro traditione haberetur.

.... « In illis quæ traduntur, superior prehensio (natu-
« ralis) utilis tantum est, si quis hac uti vollet : si nollet, non
« est necessaria, dum tamen intervenit is actus, qui jure pro
« prehensione cedat, quem docendi causa nunc adscititium
« voco.

« Is actus ad possessionem adipiscendam rursum duplex
« est. Unum genus est ad prehensionem naturalem accedens
« propius, cum actus interveniens, quamvis sine ulla ullius
« rei prehensione, tamen prehensionis rei vim habet, id est
« natura ipsa tantumdem præstat atque si res naturaliter
« esset prehensa. Alterum est (et hoc a naturali prehensione
« remotius), cum nihil intervenit neque quo res possidenda
« prehendatur, neque quod idem præstat : sed pro re possi-
« denda res alia prehenditur, cujus prehensio vice prehen-
« sionis rei fungatur.

« Prioris generis est actus omnis, quo efficitur, ut res,
« quam possidere volumus, potestati aut custodiæ nostræ
« subjiciatur. Quod quidem genus cur pro naturali prehen-
« sione habeatur, in his quorum possessio ab aliis traditur,
« justa causa est. Nam prehensio ipsa naturalis nihil præ-
« staret amplius, quam ut res esset sub potestate et custodia
« nostra : nec ob aliam causam hæc ipsa naturalis possessio
« exigitur. »

Donneau énumère ici différents cas où la tradition s'opère
sans le contact matériel de la chose livrée. Il donne comme
exemples la tradition dite *de longue main*, la tradition par
remise des clefs [1], la tradition par dépôt de la chose livrée
dans la maison de l'acquéreur, etc. Il continue ensuite :

---

[1] La plupart des commentateurs rapportaient, au contraire, cet
exemple au cas de la tradition symbolique.

« Alterum genus non naturalis, sed adscitiliæ adquisitio-
« nis in possessione, quod secundum posui, est cum neque
« res prehenditur corpore, nec quidquam fit, quo res potes-
« tati aut custodiæ nostræ subjiciatur : possessio tamen al-
« terius rei prehensione transfertur. »

Donneau cite ici comme exemple la tradition par remise
des titres, et ajoute :

« Habet autem hæc species rei transferendæ hanc ratio-
« nem : quod videri possit contineri instrumentis res ipsa,
« cujus emptio et velut auctoritas instrumentis continetur.
« Sunt ergo hi modi quibus fit, ut possessio nobis corpore
« adquiratur. »

On voit que Donneau ne faisait aucune mention des formes de la tradition germanique et de l'usage des différents
emblèmes consacrés par les anciennes coutumes. Mais cette
omission s'explique tout naturellement en observant que ce
jurisconsulte ne s'occupait ici que du droit romain. Les auteurs qui écrivaient au point de vue du droit pratique men-
tionnaient au contraire expressément la tradition symbolique
du droit germanique et l'assimilaient à ce qu'ils appelaient
la tradition symbolique du droit romain [1].

Toute la théorie des commentateurs reposait donc, ainsi
que je l'ai dit plus haut, sur cette idée : que la possession
pouvait être déplacée à l'aide d'un acte symbolique. Cette
idée, une fois admise, il en résultait tout naturellement que
la tradition germanique avait le même effet que la tradition
romaine, et la confusion établie entre ces deux actes devenait ainsi parfaitement logique.

Il reste à rechercher comment les jurisconsultes du moyen
âge étaient arrivés à admettre que la possession pût être déplacée à l'aide d'un acte purement symbolique. La solution
de cette question ne peut être trouvée que par l'examen des
idées admises par ces jurisconsultes à l'égard de la possession elle-même.

____

[1] Voyez, par exemple, Guy-Pape, *Quæst.* 22.

39. Là possession était ordinairement désignée dans notre droit coutumier primitif par le mot de *saisine*. Ce terme avait différentes acceptions.

La saisine désigne quelquefois la détention physique d'une chose, la possession de fait, légitime ou illégitime. Beaumanoir attache souvent ce sens au mot *saisine* dans son commentaire sur les coutumes de Beauvoisis :

« De quelque cose je soie en saisine, *et que la saisine soit* « *bonne ou malvèse.* » *Cout. de Beauv.*, chap. XXXII, § 23.

« Si que il m'est tolus, et en est li tolères en saisine. » *Ibid.*, chap. XXXII, § 27.

« Nus ne doit estre ostés de la *saisine* là u il est.... *tant* « *que droit l'en ostera.* » *Ibid.*, chap. XLIV., § 51.

Cette acception du mot *saisine* est la plus rare.

Ordinairement on désignait par *saisine* la possession juridique, c'est-à-dire la possession de fait, qui, sans être absolument légitime, sans correspondre nécessairement au droit de propriété, obtenait du droit une protection spéciale en raison du temps pendant lequel elle avait duré. Le droit germanique, en effet, et, d'après lui, notre droit coutumier admettait que la durée de la possession pendant un an et un jour lui communiquait un certain degré de légitimité. Cette possession ou saisine, ainsi prolongée pendant l'an et jour [1], prenait le nom de *vraie saisine*. « Nos apelons voraie « sezine, dit l'auteur du *Livre de Jostice et de Plet* [2], quant « aucuns remaint sósi an et jor comme sires, et por jostice, « à la veue et à la seue de celui qui demender puet, et ne « veaul demender et se test [3]. »

L'expression de *saisine,* prise dans ce dernier sens, était quelquefois opposée à celle de *possession.* La différence du

---

[1] Pierre de Fontaines appelle ce délai « an de droite teneue. » *Cons.*, chap. XVII, § 11.

[2] Liv. III, V, § 4.

[3] Voyez aussi Loysel, *Institutes coutum.*, V, IV, règle 10.

sens attaché alors à ces deux expressions est parfaitement
indiquée par l'auteur du *Grand Coutumier* [1].

« Jacoit ce que le droit de possession et saisine n'ayant
« point de différence expresse, toutefois par coustume ils
« ont telle différence que comme à juste cause et à injuste
« cause possession se peut acquérir par occuper seulement,
« mais s'acquiert momentanément ; et par icelle possession
« continuée *non vi, non clam, nec precario*, la saisine est ac-
« quise par an et jour. Et pour ce, par la coustume saisine
« est réputée juste de soi, *propter temporis adminiculum*,
« mais possession, non : *quia temporis adminiculum non
« requirit*. Et ainsi vous povez voir que saisine comprend
« et dénote possession, et naît saisine de possession et *non e
« contrario*. » C'est ce que Dumoulin [2] résumait laconique-
ment en disant : « Veteres libri dicunt quod possessio est
« momento quæsita, sed saisina per *an et jour*. »

La vraie saisine donnait à celui au profit de qui elle
existait tous les avantages de la possession [3] et lui ouvrait
surtout l'exercice de l'action possessoire dite *de nouvèle de-
sésine* [4], ou, *complainte sur saisine et novelleté* [5], dont l'importance était considérable à une époque où les troubles politiques augmentaient hors de toute mesure la difficulté
d'établir les preuves de la propriété.

La vraie saisine était d'ailleurs nettement distinguée de la
propriété. On trouve plusieurs passages de nos anciens au-

[1] Liv. II, chap. XXI. Comparez avec les art. 45 et suiv. de la Coutume de Clermont en Beauvoisis.

[2] Sur l'art. 61 de l'anc. Cout. de Paris.

[3] « Et emporte celle saisine grand effect, car si je m'allegue saisy
« par an et jour, si mon adversaire m'allegue saisine contraire, l'on
« présumera pour moi et non pour luy. Tellement que, pendant le
« plaid, la chose ne sera point mise en la main du roy, mais demeu-
« rera à mon proufflet. » *Grand Coutumier*, liv. II, chap. XXI. Comparez avec le *Livre de Jost. et de Plet*, liv. XVI, II, § 1, *in fine*.

[4] Beaumanoir, *Cout. de Beauv.*, chap. XXXII, § 2.

[5] *Gr. Coutum.*, loc. cit.

teurs où la *saisine* et la *propriété* sont formellement opposées l'une à l'autre :

« Aucuns y en a qui ont mestier de former lor demande
« sor saizine d'eritage tant solement, en telle manière qu'il
« ne touce de riens en lor demande de propriété..... Car
« après ce que saisine est gaaignée ou perdue, pot on com-
« mencer plet sor la propriété. » Beaumanoir, *Cout. de
Beauv.*, chap. VI, § 4.

« Quant ples de novelle dessaisine est falis, cil qui pert
« sa saizine pot faire rajorner sor la propriété celi qui em-
« porte la saizine. » *Ibid.*, chap. XXXII, § 6.

« Ne porquant, noz en avons bien veu emporter la saizine,
« à cis qui en avoient uso d'aller y, mais ils ne perdoient
« puis la propriété [1]. » *Ibid.*, chap. XXIV, § 6.

La *saisine de fait* et la *vraie saisine* différaient toutes deux
bien essentiellement de la possession civile telle que la dé-
finissent les jurisconsultes romains; elles s'en rapprochaient
cependant en ceci, que toutes deux dépendaient de la détention effective de la chose par le possesseur. A côté de ces
deux saisines, il en existait une troisième qui n'avait au contraire plus rien de commun avec la possession romaine.
Cette saisine, que l'on peut appeler *saisine de droit* [2], par opposition avec la *saisine de fait*, est indépendante de toute
possession effective. Elle est, à proprement parler, le droit
de se mettre en possession, droit indissolublement lié avec
le droit de propriété lui-même, mais considéré cependant
comme un attribut distinct de ce dernier droit. « Par
« l'adhéritance, » c'est-à-dire par l'acte translatif de propriété, disait la coutume de Liége [3], « ne s'acquiert pas
« seulement le domaine du bien transporté, mais aussi la

---

[1] Il s'agit dans ce texte d'une servitude de passage.

[2] C'est la *juristische Gewere* (Albrecht) ou l'*ideelle Gewere* (Gaupp)
des Allemands. — Kilmrath, dans sa remarquable étude sur la saisine
(*Revue de législation*, t. II, 1835), la confond à tort avec la propriété
elle-même.

[3] Art. 3.

« puissance d'en prendre possession d'autorité privée. » C'était précisément cette faculté de prendre possession de la chose livrée que nos anciens jurisconsultes désignaient par l'expression de *saisine*. L'effet de la saisine de droit était fort important. Celui au profit duquel elle existait pouvait, en y joignant la saisine de fait, c'est-à-dire en prenant possession effective de la chose cédée, acquérir instantanément la vraie saisine, qu'il n'eût acquise, sans cela, qu'au bout de l'an et jour. La vraie saisine résultait alors de la réunion de la saisine de droit à la saisine de fait [1].

L'acquisition de la saisine de droit était la conséquence de l'acquisition de la propriété, dont le premier effet était, suivant l'énergique expression de la coutume de Picardie, *de tirer à elle la saisine*. Toutes les causes translatives de propriété étaient donc en même temps translatives de la saisine de droit. Ainsi, dans les provinces où la coutume consacrait le principe : *le mort saisit le vif*, l'héritier pouvait, de sa propre autorité, et immédiatement après la mort de son auteur, se mettre en possession de tous les biens composant la succession et acquérir ainsi la vraie ou entière saisine. C'est ce que dit expressément l'auteur du *Grand Coutumier* [2] : « Mais en titre de succession le hoir se peut dire, « incontinent après la mort de son prédécesseur, en posses- « sion et saisine des biens du trépassé, dont il se dit hoir : « *quia saisina defuncti descendit in vivum*, et si momentai- « rement et avant l'an et jour de saisine, il se apparent au- « cuns opposants ou empêchans, iceluy peut contre eux in- « tenter ledit libelle et soy aider de la saisine à cause de la « saisine de son prédécesseur et devancier. »

Dans ce cas c'était la coutume elle-même qui donnait à l'héritier la *saisine de droit* [3], et lui permettait ainsi d'ac-

---

[1] « Et à lui (à l'acquéreur) est nécessaire cette appréhension de fait, « avant qu'il se puisse dire avoir entière saisine. » *Grand Coutum.*, liv. II, chap. XXI.

[2] Liv. II, chap. XXI.

[3] Voyez Beaumanoir, *Cout. de Beauv.*, chap. VI, § 1.

quérir instantanément la vraie saisine qui n'aurait pû autrement lui être acquise qu'après l'an et jour.

Lorsqu'il y avait translation conventionnelle de la propriété, l'acquéreur obtenait la saisine de droit en même temps que la propriété par l'accomplissement de l'acte translatif. Jusqu'à l'accomplissement de cet acte, l'acquéreur n'avait point de saisine [1]. Mais, l'acte translatif une fois opéré, l'acquéreur pouvait immédiatement entrer en possession et acquérir ainsi la vraie saisine. C'est ce qu'exprime l'auteur du *Grand Coutumier* [2], qui, après avoir enseigné que l'héritier peut se dire ensaisiné immédiatement après la mort de son prédécesseur, ajoute : « *Ainsi fait celui* qui « possède la chose par tradition de fait, c'est à sçavoir « quand le seigneur foncier luy en baille la saisine à cause « de vendition, échange, don, aliénation ou autre titre : « *quia facti traditio saisinam generat et inducit.* »

10. Des explications qui précèdent, il résulte que le mot *saisine* exprimait, tantôt un état de fait qui ne pouvait être produit que par une prise de possession réelle et effective (*saisine de fait, vraie saisine*), tantôt un état de droit que pouvait créer un simple acte de la volonté, révélé extérieurement par l'accomplissement des formes de l'acte translatif (*saisine de droit*). Il était donc exact de dire que la *saisine*, en général, s'acquérait, tantôt à l'aide d'un acte corporel, tantôt à l'aide d'un acte purement symbolique, et l'on comprend dès lors comment les glossateurs et leurs successeurs, ayant une fois confondu les idées de saisine et de possession, ont pu assimiler et confondre la tradition germanique et la tradition romaine, et dire qu'elles opéraient toutes deux le *déplacement de la possession*. Ils voulaient dire par là que ces deux actes transféraient tous deux la *saisine*.

Toutefois, dans la tradition romaine, l'acquéreur recevait

[1] S'il se mettait en possession de la chose, il n'avait que la pure saisine de fait, que Bouteiller appelle, dans ce cas : *saisine vide.* Voyez *Somme rurale*, liv. I, chap. LXVII.

[2] Liv. II, chap. XXI.

en même temps la saisine de droit et la saisine de fait, et il acquérait ainsi immédiatement une possession correspondant à ce qui a été appelé plus tard la vraie ou entière saisine. Par la tradition symbolique, au contraire, l'acquéreur n'obtenait que la simple saisine de droit, et ce n'était que par sa prise de possession effective qu'il convertissait ensuite cette simple saisine de droit en vraie saisine. Ainsi, même au point de vue du droit coutumier, il y aurait eu une distinction à faire entre la tradition romaine et la tradition symbolique.

Mais il paraît s'être bientôt établi une confusion à peu près complète entre la saisine de droit et la vraie saisine. Cette confusion n'avait d'ailleurs rien de très-étonnant, car on conçoit aisément que la saisine de droit, pouvant être convertie *ad nutum* en vraie saisine par la prise de possession de l'acquéreur, ait fini par être assimilée à la vraie saisine elle-même. Cujas signale déjà cette tendance de la doctrine lorsque, dans son commentaire sur la loi 30 du titre *Ex quibus causis* au Digeste, il écrit : « Et hic quia posses-
« sio defuncti quasi juncta descendit ad heredes, id est, usu-
« capio, valde errant doctores, qui in hac lege possessionem
« accipiunt pro detentione, sive usu rei, qui in facto con-
« sistit. *Qui tamen hodie error plane abiit in mores*, et abs-
« que dubio ex eo factum est ut receptum sit possessionem
« rerum hereditariarum, quæ est facti, ab ipso defuncto
« protinus et ipso jure ad heredes transire, nec opus esse,
« ad eam adquirendam, facto et apprehensione heredis,
« unde vox illa de via collecta : *le mort saisit le vif*, quæ
« ducitur ex prava interpretatione horum verborum, quia
« possessio quasi juncta, descendit in heredem, ubi tamen
« possessio non est *saisine*, ut vocant, sed usucapio, etc..... »
L'erreur que Cujas reproche aux docteurs ne provenait pas d'une fausse interprétation des lois romaines, mais bien de l'assimilation que la pratique tendait à opérer entre la saisine de fait (*quæ est facti*) et la saisine de droit. Pothier tombait dans la même confusion, quand il enseigne que la possession des objets de la succession passe sur la tête des

héritiers sans appréhension de fait, « ce qui, dit-il, est bien contraire aux principes du droit romain et aux idées naturelles. » Il aurait pu ajouter que cette théorie était également contraire aux principes du droit coutumier primitif. qui distinguait, comme je l'ai fait voir, la saisine de droit, acquise de plein droit à l'héritier, de la vraie saisine, qu'il n'acquérait que par la prise effective de possession. La confusion faite entre la saisine de droit et la vraie saisine avait naturellement été étendue également au cas où la translation de la propriété s'opérait en vertu de la convention des parties manifestée par la tradition symbolique, et dès lors il n'existait véritablement plus aucune différence entre les effets de la tradition romaine et de la tradition symbolique du droit germanique.

Il est donc facile de s'expliquer comment, par suite de la confusion établie entre la possession et la saisine, puis entre la saisine de fait et la saisine de droit, les jurisconsultes du moyen âge soient arrivés à admettre en thèse générale que la possession pouvait être déplacée à l'aide d'un acte purement symbolique, et finalement à confondre entièrement la tradition, telle que le droit romain l'avait définie, avec la tradition symbolique.

41. La confusion établie entre la tradition réelle et la tradition symbolique contenait en elle le germe d'une modification radicale dans toute la théorie de la translation du droit de propriété.

La tradition romaine n'était pas une pure formalité, elle n'avait pas simplement pour objet d'exprimer la volonté de transférer la propriété, elle opérait réellement le déplacement de la possession. Elle avait ainsi par elle-même un certain effet, et avait pu par cette raison rester distincte de la convention en vertu de laquelle elle s'accomplissait. La tradition symbolique, au contraire, n'était qu'un acte de pure forme, n'ayant d'autre valeur que celle dont la revêtait une fiction du droit. Elle ne pouvait donc avoir une existence distincte de la convention qu'elle était destinée à ma-

nifester extérieurement. A mesure que les formes symboliques tombèrent en désuétude, la convention devait par suite
apparaître de plus en plus comme étant l'élément constitutif
essentiel de l'acte translatif, et l'on s'habitua ainsi graduellement, lorsque la tradition réelle et la tradition symbolique
furent confondues, à regarder la convention comme translative par elle-même du droit de propriété. Cette extension
des effets de la convention était d'ailleurs conforme à l'esprit du droit né des anciennes coutumes germaniques. On
sait que, d'après le droit romain de l'époque classique,
l'obligation de transférer la propriété se résolvait en une
condamnation pécuniaire quand la partie obligée refusait
d'exécuter son obligation [1]. Nous voyons, au contraire,
que, dès les premières époques du droit coutumier, la personne qui avait contracté l'obligation de transférer la propriété était contrainte d'exécuter réellement son engagement,
et que l'acheteur, par exemple, avait une action pour se
faire mettre par le juge en possession de l'héritage vendu,
faute par le vendeur de vouloir en effectuer la tradition.
« S'il avient, dit Beaumanoir [2], qu'aucuns acate heritage,
« et paie avant qu'il soit en saisine de seigneur, et après li
« venderes ne se veut trère avant, por metre l'aceteur en
« saisine, et li aceteres, le fait semonre par devant le segneur
« de qui li heritage est tenus, et li venderes se met en trois
« pures defautes : li sire doit oïr les preuves de l'aceteur;
« et quant il a pruvé l'acat, il doit estre mis en saisine de
« l'eritage. » Ce passage est remarquable à deux points de
vue. Il prouve d'abord qu'à l'époque où écrivait Beaumanoir, il y avait encore une différence bien marquée entre la
convention, qui ne produisait que l'obligation d'aliéner, et
l'acte translatif, à l'aide duquel l'aliénation s'opérait. Jusqu'à l'accomplissement de cet acte translatif, la propriété
continuait à résider sur la tête du cédant qui était simple-

---

[1] Gaïus, *Inst.* IV, 48, 52.
[2] *Cout. de Beauv.*, chap. XLIV, § 11.

ment obligé envers l'acquéreur [1]. Mais ce texte montre en même temps que la convention obtenait indirectement, par la nature de l'action dont elle était munie, l'effet qui eût été produit par l'accomplissement de l'acte translatif. C'était là une conséquence de l'énergique protection donnée aux conventions par le droit coutumier [2], et l'acquéreur ayant ainsi, en vertu de la simple convention, la même action qui ne lui aurait été autrefois donnée qu'après l'accomplissement de l'acte translatif, il devait en résulter nécessairement un nouveau motif pour considérer la convention comme possédant par elle-même le pouvoir de transférer le droit de propriété.

42. Ce résultat n'a pourtant jamais été ouvertement admis par la doctrine de notre ancien droit. Quelques écrivains, qui, à l'exemple de Grotius, traitaient de ce qu'ils appelaient le *droit naturel*, énonçaient bien en thèse générale que la convention suffisait, par sa nature, pour transférer le droit de propriété, et que la nécessité d'un acte translatif avait été créée par le droit positif; mais tous les jurisconsultes, depuis Dumoulin jusqu'à Pothier, enseignaient, au contraire, que notre droit avait maintenu le principe *non nudis pactis dominia transferri*, et que la tradition seule opérait la translation du droit de propriété.

Cependant leur doctrine n'était conforme qu'en apparence à celle du droit romain, et, tout en proclamant la nécessité de la tradition comme acte translatif, ils admettaient que cette tradition pouvait, la plupart du temps, être réduite à l'accomplissement d'un rite purement symbolique. Pothier, par exemple, après avoir dit que l'acquisition de la possession exige une appréhension corporelle de la chose, ajoute que ce principe « souffre exception dans le cas

---

[1] C'est ce qu'enseigne aussi Bouteiller : « Celuy qui vend sa te-« neure, mais il en retient encore la saisine par devers luy, ne n'en « fait vest à l'acheteur, sachez qu'il est encore sire de la chose. » *Somme rurale*, I, 67.

[2] « Toutes convenances sont à tenir, et por ce dit-on : « Convenance « loi vaint. » Beaumanoir, *Cout. de Beauv.*, chap. xxxiv, § 2.

de plusieurs espèces de traditions par lesquelles celui à qui
elles sont faites est censé acquérir la possession de la chose
dont on entend lui faire la tradition avant qu'il soit in-
tervenu aucune préhension corporelle de cette chose [1]. »
Il reproduisait ensuite l'ancienne division et distinguait la
tradition réelle, la tradition *longæ manus*, la tradition *brevis
manus*, la tradition symbolique, et enfin les traditions
feintes qui résultent de certaines clauses apposées aux actes
d'aliénation [2]. Ces clauses étaient celles dites de *constitut*, de
précaire, et de *dessaisine-saisine*. Les deux premières appartenaient, ainsi qu'on le sait, au droit romain, qui les envisa-
geait comme de simples cas particuliers de la tradition réelle
dans lesquels l'appréhension corporelle était faite par l'intermédiaire d'une tierce personne. Notre ancien droit les avait,
au contraire, réduites à ne plus être que de pures fictions,
insérées dans l'acte pour se conformer à l'usage établi, mais
n'ayant d'autre signification et d'autre effet, que celui de la
convention elle-même. Ainsi, tandis qu'en droit romain, le
constitut possessoire effectué en exécution d'une vente subsistait alors même que la vente venait à être annulée, la
clause de constitut dans notre ancien droit s'évanouissait dès
que la convention qui y avait donné lieu venait à s'évanouir
elle-même [3]. La clause de dessaisine-saisine consistait dans
le simple énoncé de la volonté du cédant de se dessaisir de
la propriété de la chose cédée. Elle était donc plus fragile
encore que les clauses de constitut de précaire, et se liait

---

[1] *Traité de la possession,* § 13.

[2] Voyez *Propriété,* § 194.

[3] « Corruente contractu principali, corruit etiam clausula consti-
« tuti et omnis alia similis et ejus effectus. » Dumoulin, *In cons. Par.,*
§ 20, glose 5, n° 5. — « Cum similes actus similibus resolvuntur, cor-
« porei etiam corporeis, evenit, ut constituti possessio, aut alia ejus-
« dem generis, in contractu apposita, contractu annulato aut rescisso,
« annulatur et ipsa, non majori negotio quam contractus ipse et quæ-
« libet ejus clausula. » D'Argentré, *Cout. de Bretagne,* art. 265,
chap. II, n° 2. — Voyez le même auteur, *de Laudimiis,* § 2.

encore bien plus intimement à la convention dont elle était destinée à exprimer la réalisation.

La tradition était ainsi réduite, dans la plupart des cas, à une pure formalité, et cette altération de la théorie romaine avait eu, comme je l'ai déjà dit, pour conséquence nécessaire d'amener graduellement la simple convention à être par elle-même translative de propriété. La convention obtenait ainsi un double effet, celui de produire l'obligation de transférer la propriété, et celui d'opérer la translation de ce droit. A Rome, elle n'avait, par elle-même, que le premier de ces effets; et il fallait, pour qu'elle produisît le second, qu'elle fût manifestée extérieurement par l'accomplissement d'un acte translatif. Les contrats tels que la vente, l'échange, la donation, nécessitaient ainsi deux conventions: la première produisant l'obligation de transférer la propriété, et la seconde se révélant par l'acte translatif et opérant la translation. Quand l'acte translatif prit lui-même le caractère et la forme d'une simple convention, il s'opéra une confusion inévitable entre la convention productive d'obligation et la convention translative de propriété, de sorte que, dans une vente, par exemple; on ne distingua plus nettement, comme autrefois, la translation de la propriété de la cause en vertu de laquelle cette translation était opérée. Cette modification des principes avait amené des conséquences pratiques, notamment en ce qui concernait les effets de la résolution des contrats. Toutes les fois que le contrat était résolu, la translation de la propriété se trouvait par là même résolue, et le cédant pouvait immédiatement revendiquer la chose cédée, au lieu d'être forcé, comme en droit romain, de la répéter à l'aide d'une action personnelle. Cette conséquence, effet inévitable de l'altération survenue dans la nature de l'acte translatif, était adoptée sans hésitation par les auteurs mêmes qui maintenaient par habitude le principe : *non nudis pactis dominia transferri.*

43. Le droit pratique était allé plus loin que la doctrine

7

et avait rompu plus ouvertement avec les anciennes règles relatives à la translation du droit de propriété. Quelques coutumes énonçaient formellement que, sitôt la vente passée par-devant notaire, l'acquéreur devenait au même instant propriétaire et possesseur [1]. La jurisprudence n'hésitait également pas à reconnaître que la convention rendait l'acquéreur propriétaire, et Bourjon, qui nous a laissé un exact et remarquable résumé des doctrines admises généralement par l'ancienne jurisprudence, donne sur ce sujet les indications les plus probantes. « Le principal effet, dit-il, de la vente d'un immeuble est de faire passer la propriété et la jouissance d'icelui dans la personne de l'acquéreur. » (*Droit commun de la France*, t. I, p. 461.) « Le vendeur, expose-t-il ailleurs, doit laisser à l'acquéreur la libre jouissance de l'immeuble par lui vendu, du jour que l'acquéreur en doit jouir aux termes du contrat de vente d'icelui ; c'est son premier engagement et le juste effet du contrat qui doit faire passer la jouissance, comme la propriété de la chose, de l'un à l'autre. » (*Ibid.*, p. 478.) C'est même à cet effet translatif de la convention que Bourjon fait remonter la règle en vertu de laquelle la chose vendue est aux risques de l'acheteur. « Aussitôt la vente parfaite, dit-il, les changements, la perte même totale de l'immeuble regardent l'acquéreur ; ce qui auroit lieu encore qu'il ne fût pas en possession, parce que alors la chose vendue est sienne, et par conséquent diminue ou périt pour lui ; c'est, dans l'un comme dans l'autre

---

[1] « Sitôt qu'il y a contract fait et passé par-devant tabellion et sous « le sceau du prince, *la tradition de ce qui en a esté convenu est en-* « *tendue faite* ; de sorte que l'acheteur, sans autres formalitez, en est « fait et rendu possesseur. » Evêché de Metz, tit. VII, art. 3.

« Le contrat ainsi passé, deux ou plusieurs témoins présents, ou par-« devant deux tabellions ou notaires, sans témoins, et grossoyé sous « le scel du tabellionage de la terre et seigneurie, la tradition de ce « dont est convenu est censée faite. — Si que l'acquesteur en est fait « possesseur sans aucune appréhension. » Gorze, tit. VII, art. 7.

Voyez aussi Lorraine, tit. XII. Evêché de Verdun, tit. X, art. 4.

cas, le même principe qui décide, la porte suit la propriété. »

Il était assurément impossible de reconnaître plus ouvertement l'effet translatif de la convention, indépendamment de toute tradition, ni de rompre plus directement avec les principes consacrés autrefois par le droit romain.

44. L'extension donnée aux effets de la convention avait eu pour résultat, comme je l'ai indiqué dans le paragraphe précédent, d'amener une assimilation complète entre la convention productive d'obligation et la convention translative de propriété. Cette assimilation devait, à son tour, entraîner des conséquences non moins remarquables.

Tant que la distinction établie entre les effets de la convention et ceux des actes translatifs par le droit romain et par le droit coutumier ancien fut maintenue, la distinction fondamentale établie entre la nature des droits produits par la convention et par des actes translatifs se maintint également. L'obligation produite par le simple consentement des parties était un droit purement personnel, c'est-à-dire n'ayant d'efficacité qu'entre les parties, opposable seulement de l'une à l'autre, et ne pouvant produire aucun effet à l'égard des personnes qui étaient restées étrangères au contrat. Le droit de propriété, au contraire, transféré par un acte extérieur, par une déclaration publique du cédant et par une appréhension également publique de l'acquéreur, était un droit absolu que l'acquéreur pouvait opposer, non-seulement au cédant qui le lui avait transmis, mais à tous en général et sans aucune exception. Il faut même dire que ce n'était point la différence de nature des actes servant à les établir qui avait amené la différence que je viens de signaler entre la nature des droits produits par chacun de ces actes, mais que c'était, au contraire, la nature essentiellement diverse du droit de propriété et du droit d'obligation qui avait entraîné une diversité correspondante dans la nature des actes destinés à faire naître chacun de ces deux droits. L'obligation, droit personnel et relatif, était engendrée par le simple consentement ; la propriété, droit réel et absolu, ne pouvait prendre naissance sans un acte extérieur dont l'effet ne fût pas, comme celui du consentement, limité entre les parties contractantes.

Lorsque la convention devint en même temps productive d'obligation et translative de propriété, c'est-à-dire lorsqu'elle fit en même temps naître l'obligation de livrer et le droit de propriété au profit de l'acquéreur, la relation existant entre la nature de l'acte productif du droit et la nature du droit produit se trouva rompue, et il arriva que la convention, acte essentiellement circonscrit entre les parties contractantes et s'accomplissant dans le for intérieur de chacune d'elles, donna naissance à un droit dont les effets étaient également opposables à tous.

Cette conséquence entraînait des effets tellement regrettables au point de vue de la sûreté des transactions que l'attention des jurisconsultes fut de bonne heure attirée sur ce point. Lorsque la tradition ne fut plus qu'une pure forme dont l'accomplissement se réduisait à une simple mention insérée dans l'instrument de l'aliénation, il parut bien grave de faire résulter un droit absolu de propriété d'un acte qui ne se révélait plus par aucun signe extérieur.

« C'est une question agitée entre les auteurs, dit Pothier[1], si la tradition feinte qui a été faite à l'acheteur doit, à cet égard, avoir le même effet que la tradition réelle qui lui aurait été faite, et si elle est censée lui avoir transféré la propriété même vis-à-vis des tiers. Supposons, par exemple, que la chose est, à la vérité, demeurée par devers le vendeur, et que l'acheteur n'en a pas été mis en possession réelle, mais que le contrat de vente portoit une clause, par laquelle il étoit dit, que le vendeur s'est dessaisi de la chose vendue et en a saisi l'acheteur, déclarant qu'il la tenoit dorénavant au nom et pour l'acheteur, ou bien qu'il y eût une clause par laquelle il fût dit que le vendeur

____
[1] *Vente*, n° 321.

retenoit la chose, comme la tenant à titre de ferme de l'acheteur pour une certaine somme par chacun an. On demande
si, dans ce cas, l'acheteur sera bien fondé à revendiquer la
chose, soit contre des créanciers qui l'auroient saisie entre
les mains du vendeur, soit contre un second acheteur à qui
le vendeur l'auroit depuis livrée, et qui s'en trouveroit en possession réelle? Charondas, en ses Réponses, décide en faveur
du second acheteur, et il cite pour son opinion deux arrêts,
l'un de 1498, l'autre de 1569. Belordeau (liv. I, chap. xviii)
cite aussi pour la première opinion deux arrêts de son parlement de Bretagne. Leur raison est que, ces traditions feintes
ne consistant dans aucun fait extérieur, mais dans une simple
convention intervenue entre le vendeur et le premier acheteur, elles ne peuvent avoir la vertu et l'efficacité d'être
réputées, au moins vis-à-vis des tiers, avoir transféré la propriété de la chose vendue au premier acheteur, suivant la
règle : *traditionibus, non nudis pactis, dominia rerum transferuntur*. L. 20 C. *de Pactis*. Les conventions ne devant avoir
d'effet qu'entre les personnes qui y sont parties, les traditions
feintes qui ne résultent d'aucun fait extérieur, mais de la
convention des parties, ne peuvent être réputées avoir, vis-
à-vis des tiers, transféré la propriété. »

Pothier combattait cette décision en faisant observer que
la clause de constitut ou de précaire opérait véritablement
le déplacement de la possession et que, cette clause équiva-
lant ainsi à la tradition réelle, il n'y avait aucune raison
pour ne pas lui faire produire d'une manière absolue la
translation du droit de propriété. Mais on voit que ceux qui
admettaient ouvertement l'effet translatif de la convention
jugeaient en même temps nécessaire de limiter cet effet entre
les contractants, en se fondant sur ce que *les conventions ne
doivent avoir d'effet qu'entre les personnes qui y sont parties*.
Ces jurisconsultes n'hésitaient pas ainsi à conférer à la propriété le caractère relatif qui est l'attribut exclusif du droit
d'obligation. Dire que la translation de la propriété n'était
opérée qu'entre les parties, c'était, en effet, exprimer que

l'acquéreur était propriétaire vis-à-vis du cédant, tandis qu'il ne l'était pas vis-à-vis des tiers. Malgré l'insoluble contradiction que renferme en soi cette idée, les jurisconsultes l'avaient admise, sans du reste l'approfondir, pressés qu'ils étaient entre la nécessité de refuser à la convention l'effet translatif, ou de donner à un consentement invisible et secret un effet également opposable à tous. La notion du droit de propriété s'était ainsi altérée, et la doctrine en était arrivée à donner au plus absolu et au plus entier des droits réels ce caractère personnel et relatif que le droit romain ne reconnaissait qu'aux seules obligations.

45. La distinction faite entre les effets de la convention d'aliéner à l'égard des parties et à l'égard des tiers n'était, du reste, pas généralement admise. Pothier décidait que, lorsqu'une chose avait été vendue deux fois de suite et qu'elle n'avait été livrée réellement qu'au second acheteur, le premier acheteur devait pourtant être préféré et reconnu propriétaire, bien que la tradition n'eût consisté à son égard que dans la simple insertion d'une clause de constitut ou de dessaisine-saisine dans le contrat de vente. Bourjon[1], qui reproduit la doctrine consacrée par la jurisprudence du Châtelet et du Parlement de Paris, décide que, « s'il y a deux acquéreurs, l'autorité du titre, lorsqu'il est authentique, doit entre eux l'emporter sur la prise de possession. » Ainsi, d'après une opinion à laquelle se ralliaient de nombreux suffrages, la translation était consommée par la seule convention, sans qu'il fût besoin d'un acte translatif distinct pour fixer définitivement la propriété sur la tête de l'acquéreur.

Les inconvénients de ce système étaient faciles à apercevoir. La tradition symbolique, comme la tradition romaine, n'avaient eu primitivement d'autre raison d'être que la publicité qu'elles donnaient aux aliénations et la fixité qui en résultait pour l'assiette de la propriété. Ces formes, étant

<hr>

1 *Droit commun*, I, p. 471.

devenues insuffisantes et ayant perdu leur ancienne valeur, avaient disparu peu à peu; mais le besoin qu'elles étaient primitivement destinées à satisfaire avait cependant persisté, et la suppression indirecte ou avouée des actes translatifs ne pouvait avoir lieu sans que les bases mêmes du crédit pub c se trouvassent ébranlées. La nécessité de pourvoir à t publicité des aliénations ne pouvait donc tarder à se m nifester et à rendre urgente l'adoption d'un système qui tout en laissant à la convention l'efficacité que le droit utumier lui avait conférée, permît cependant de ne pas fai dépendre la translation de la propriété uniquement d'un cte dépourvu de toute publicité et de toute solennité extérieure.

Cette nécessité avait été particulièrement ressentie à l'égard des donations, et diverses ordonnances avaient successivement édicté des mesures destinées à assurer la publicité des aliénations à titre gratuit. L'ordonnance de 1731, qui n'avait fait que reproduire et compléter les dispositions des ordonnances précédentes, avait eu recours, dans ce but, à l'insinuation que nous avons déjà vue prescrite pour le même sujet par des constitutions appartenant à la dernière période du droit romain. D'après cette ordonnance, l'insinuation des donations devait être opérée à peine de nullité. Cette insinuation, comme celle du droit romain, n'était pas translative de propriété; mais son omission entraînait l'annulation de la translation opérée.

Le donataire avait un délai de quatre mois pour faire l'insinuation, et, si le donateur mourait avant l'expiration de ce délai, le donataire pouvait faire insinuer la donation et lui donner ainsi une pleine stabilité. Si l'insinuation n'avait pas été opérée dans son délai fixé, on distinguait entre le cas où le donateur était vivant et le cas où le donateur était, au contraire, mort au moment de cette insinuation ainsi tardivement faite. Dans le dernier cas, l'insinuation ne produisait aucun effet, et les héritiers du donateur, ainsi que toute personne intéressée, pouvaient opposer la nullité de la donation. Dans le premier cas, la donation était rendue valable par l'effet de l'insinuation, mais seulement à partir du jour où cette insinuation avait eu lieu. Ainsi, les créanciers du donateur et, à plus forte raison, tous ceux qui avaient un droit sur la chose donnée entre le jour de la donation et le jour de l'insinuation, pouvaient opposer la nullité de cette donation ; tous les intéressés dont le droit était né postérieurement à l'insinuation, ne pouvaient, au contraire, se prévaloir du retard que le donataire avait apporté à faire insinuer. Le donateur ne pouvait, dans aucun cas, opposer le défaut d'insinuation.

L'ordonnance de 1731 assurait, comme on le voit, très-énergiquement la publicité des donations ; mais la rigueur même de ses dispositions empêchait qu'elles fussent étendues aux autres aliénations. L'omissoin des formalités de l'insinuation annulait, en effet, non-seulement l'aliénation, mais encore la convention elle-même, en sorte que l'obligation du donateur se trouvait complétement anéantie. Ce dernier effet se trouvait, il est vrai, contre-balancé par celui de la règle : *donner et retenir ne vaut,* en ce sens que le donateur n'était pas admis à venir opposer lui-même le défaut d'insinuation ; mais, à sa mort, les effets de la nullité radicale de la donation reparaissaient, et ses héritiers, bien que tenus de toutes ses obligations, pouvaient néanmoins se refuser à opérer la délivrance de la chose donnée, parce que l'obligation de leur auteur se trouvait ici radicalement annulée. Un pareil système, appliqué à toutes les aliénations en général, eût évidemment entravé trop péniblement la circulation des biens. Il eût été à la fois dur et injuste de punir la négligence de l'acquéreur par l'annulation totale de la vente qui lui eût fait perdre ainsi la chose et son prix et eût enrichi, à son préjudice, le vendeur et ses héritiers.

46. Quelques coutumes s'étaient bornées à prescrire la lecture et la publication des contrats d'aliénation, mais sans édicter des mesures propres à sanctionner efficacement ces

dispositions. Elles faisaient, il est vrai, courir les délais du retrait lignager, à partir seulement du jour de la publication[1]; mais il est facile de comprendre que cette mesure ne sauvegardait qu'un seul des intérêts mis en jeu par l'aliénation, et laissait sans défense les intérêts plus directs et plus pressants encore des créanciers ayant acquis un droit sur la chose vendue.

La Coutume de Bretagne avait organisé un système de publicité qui assurait aux tiers une protection bien plus énergique[2]. D'après l'article 116 de l'ancienne coutume, « quand « l'on s'approprie d'héritages par achat, de celuy qui est « possesseur et saisi, ou par achat de justice quand la chose « est baillée au créancier en paiement, il convient que « bannie en soit faite par la Cour à qui la juridiction appar- « tient, ou par Cour supérieure, par trois dimanches, de « huitaine en huitaine sans intervalle, incontinent après « l'issue de la grand'messe parochiale, en la congrégation du « peuple, à haute et intelligible voix, aux lieux accoutumés. » D'Argentré nous apprend que le cédant devait être en possession réelle et effective de la chose cédée, et qu'il devait effectuer la remise de cette possession à l'acquéreur, non pas à l'aide d'un acte symbolique et n'ayant d'efficacité que par une fiction du droit, mais par la tradition de fait, de sorte que l'acquéreur reçût ainsi la possession réelle et effective du bien transmis. Les trois bannies et publications devaient être effectuées après la tradition, et la propriété n'était définitivement transférée qu'après l'entier accomplissement de toutes ces formalités. La publicité constituait ici une condition de la translation de la propriété, mais non point une condition de la validité de la convention elle-même, comme l'insinuation à l'égard des donations. Ce système, malgré sa supériorité sur celui des coutumes où l'acte translatif restait

<hr>

[1] Voyez, par exemple : Normandie, 452 ; Comté d'Eu, 174.

[2] Voyez les art. 269 et suiv. de la nouvelle coutume et surtout le Commentaire de d'Argentré sur ces articles.

absolument secret, n'en était pas moins fort imparfait encore. D'un côté, en effet, il matérialisait outre mesure l'acte de la tradition, en exigeant qu'elle consistât toujours dans la remise de la possession réelle et effective de la chose, et en exagérant ainsi les idées du droit romain. D'un autre côté, les moyens de publicité qu'il édictait étaient évidemment insuffisants, car ils ne laissaient aucune trace durable, et ne pouvaient, par conséquent, remplir leur but avec efficacité que dans le cercle peu étendu des personnes qui avaient pu être mises à même d'avoir connaissance de l'accomplissement des bannies.

47. Quelques coutumes du nord de la France avaient adopté un système incomparablement plus parfait. J'aurai à expliquer tout à l'heure que la translation de la propriété des héritages soumis à la tenure féodale ne pouvait originairement s'accomplir qu'avec le consentement et le concours du seigneur. Le seigneur se faisait ordinairement représenter à cette occasion par les officiers de sa justice, de sorte que les aliénations s'opéraient par-devant ces officiers, qui en tenaient registre [1]. Cet usage avait graduellement disparu à mesure que le domaine direct tendit à perdre de sa primitive importance. Dans les provinces où il fut, au contraire, conservé, on comprend facilement que les registres des justices contenant mention de tous les actes translatifs fournissaient aux personnes intéressées un moyen aussi sûr que commode de connaître entre les mains de qui résidait la propriété d'un héritage. La translation de la propriété ne pouvant, en effet, s'effectuer qu'au moment où l'acte était passé par-devant la justice seigneuriale et transcrit sur les registres de cette justice, il était impossible qu'une aliénation restât secrète, et la publicité devenait ainsi, non plus la conséquence facultative, mais la cause de la translation de propriété.

---

[1] L'obligation de tenir registre est formellement édictée par quelques coutumes. Voyez, par exemple, Clermont-en-Beauvoisis, 91.

Les avantages de ce système étaient si évidents qu'il avait été conservé dans des coutumes où la participation des seigneurs aux actes translatifs avait d'ailleurs été déclarée inutile [1]. La transcription de l'acte s'effectuait alors sur des registres tenus, soit par les officiers de la justice du roi, soit par les officiers de la municipalité dans les villes privilégiées, et cette transcription était considérée comme une condition de la validité de l'acte translatif. Les solennités symboliques de cet acte étaient supprimées ou conservées seulement par le souvenir des anciennes habitudes ; mais le véritable acte translatif consistait dans le consentement des parties manifesté par la transcription sur le registre. La convention ne devenait ainsi translative qu'au moment même où elle se révélait publiquement à tous.

Quelques coutumes allaient jusqu'à dire que la transcription était requise à peine de la nullité de l'aliénation [2]. Je ne crois pas qu'il faille entendre cette disposition en ce sens que le défaut de transcription détruisait l'aliénation, comme le défaut d'insinuation annulait la donation, c'est-à-dire de manière à détruire en même temps la translation de propriété et la convention elle-même. Ici, la convention, le contrat de vente ou d'échange subsistait avec les obligations

---

[1] La formalité de la passation des actes devant la justice avait même été introduite dans quelques coutumes, là où auparavant la simple convention suffisait pour transférer la propriété. On peut s'en convaincre par le passage suivant extrait de la Coutume du pays d'Alost : « Quoique l'on ait accoutumé dans la ville d'Allost de vendre les « maisons et les héritages situez en la même ville, comme les meu- « bles sans saisine-dessaisine ; dores en avant, *pour une plus grande* « *sûreté d'un chacun,* cela n'arrivera plus qu'après une publication à « l'église, et par dessaisine et saisine par-levant le maire et les es- « chevins. » Rubr. 12, art. 1.

[2] « Toutes les ventes, aliénations, donations, transports de maisons « et d'héritages, situez dans la ville et dans l'eschevinage..... doivent « être reconnues devant cinq échevins, à peine de nullité de l'aliéna- « tion. » Ville et bourgeoisie d'Ipre, rubr. 13, 1. Voyez aussi Rousselare, rubr. 14, 4 ; Ville de Bruges, tit. XXVII, art. 1 et 2.

qu'il avait engendrées, mais l'aliénation n'était point consommée, la propriété ne passait pas sur la tête de l'acquéreur aussi longtemps que la transcription n'avait pas été accomplie.

Les registres sur lesquels se transcrivaient les actes d'aliénation étaient presque tous tenus, ainsi que je l'ai déjà dit, par les officiers des justices seigneuriales. Ces justices ayant été supprimées lors de la révolution de 1789, l'usage de la transcription fut ainsi menacé d'être lui-même aboli. Mais cet usage, malgré son origine féodale, avait pénétré trop profondément dans les habitudes de la vie civile. des provinces où il avait été observé pour que sa suppression pût résulter de l'abolition des droits féodaux, et une loi des 20-27 septembre 1790 prononça le maintien de la transcription dans ces provinces, en ordonnant qu'elle se ferait au greffe des tribunaux de district.

48. Lorsque la Convention se préoccupa de jeter les bases du régime hypothécaire, elle se trouvait donc, d'une part, en présence des coutumes qui donnaient directement ou indirectement à la convention l'effet translatif sans l'assujettir à aucune condition de publicité, et, d'autre part, en face des coutumes de nantissement qui imposaient la transcription comme condition nécessaire du déplacement de la propriété.

Dans la première organisation adoptée par la loi portée en l'an III, on paraît ne pas avoir pris souci des inconvénients que présenterait la coexistence de deux systèmes aussi dissemblables, soit que l'on n'ait pas aperçu l'étroite relation qui existe entre la constitution du régime hypothécaire et celle de la propriété elle-même, et des actes qui servent à la transférer, soit que l'on ait voulu réserver la solution de cette difficulté pour une époque postérieure. Il n'en fut pas de même en l'an VI, quand on résolut de refondre la loi de l'an III, dont la mise en vigueur avait jusqu'alors toujours été différée.

Les inconvénients des mutations occultes ayant été hautement signalés, il ne restait plus qu'à choisir entre les différents systèmes proposés pour organiser la publicité, et le système de la transcription, appliqué depuis longtemps avec succès dans une grande partie de la France, devait naturellement obtenir la préférence. Ce système fut en effet adopté et consacré par la nouvelle loi du 11 brumaire an VII.

L'article 26 de cette loi était ainsi conçu :

« Les actes translatifs de biens et de droits susceptibles d'hypothèques doivent être inscrits dans les registres du bureau de la conservation des hypothèques dans l'arrondissement duquel les biens sont situés. Jusque-là ils ne peuvent être opposés aux tiers qui auraient contracté avec le vendeur, et qui se seraient conformés aux dispositions de la présente. »

Quel était le sens et la portée de cet article ?

D'après quelques auteurs, la transcription édictée par la loi de brumaire était celle des coutumes des pays de nantissement, et les mêmes effets devaient être attachés à l'une et à l'autre de ces formalités. Cette opinion peut s'appuyer sur les paroles de Crassous [1], qui, dans son rapport au conseil des Cinq-Cents, déclara que c'était aux pays de nantissement qu'ils avaient « emprunté la disposition qui prescrit l'inscription de tout acte de mutation pour qu'il ait effet contre les tiers. » Il paraît légitime de conclure de cette déclaration que la loi de brumaire donnait à la transcription exactement les mêmes effets qu'elle avait dans les pays de nantissement, et que par conséquent la propriété n'était transférée qu'à partir du jour où l'acte contenant la convention des parties avait été transcrit. C'est ainsi que Tarrible semble avoir interprété le sens de l'article 26 de la loi de brumaire [2]. « Sous cette législation, dit cet auteur, la transcription n'est pas seulement nécessaire pour parvenir à purger les hypothèques, elle l'était encore pour *déposséder le vendeur* et

---

[1] *Moniteur* du 7 germinal an VI.

[2] *Répertoire* de Merlin, v° *Transcription*.

investir l'acquéreur de la propriété de l'immeuble. » L'auteur du second rapport fait au conseil des Cinq-Cents ne s'exprimait pas moins catégoriquement [1] : « *La translation de la propriété immobilière, disait-il, s'opérera seulement par la transcription* de l'acte sur les registres du conservateur... Par la nouvelle loi, *la propriété sera réputée résider sur la tête de celui qui aura vendu, jusqu'à ce que le possesseur actuel ait fait transcrire son titre* sur le registre des hypothèques. »

Il paraît cependant certain que ce système, si simple et si rationnel, n'est pas celui que les législateurs de l'an VII ont voulu adopter. Les rédacteurs de la loi de brumaire étaient placés sous l'influence de la doctrine dont j'ai parlé plus haut, et qui, pour maintenir l'effet translatif attribué à la simple convention, sans consacrer pourtant la clandestinité des mutations, avait admis cette idée singulière, que la convention transférait la propriété, mais ne la transférait qu'à l'égard des parties contractantes seulement. Cette idée se trouve bien clairement indiquée par la rédaction de l'article 26, aux termes duquel les actes d'aliénation ne sont point, jusqu'à la transcription, *opposables aux tiers.* Enoncer que les actes ne seraient pas opposables aux tiers, c'était sous-entendre que ces actes étaient immédiatement parfaits entre les parties. Cette doctrine a été d'ailleurs formellement soutenue par Crassous, qui prétendait même en faire remonter l'origine aux coutumes des pays de nantissement elles-mêmes. « Dans les pays de nantissement, disait-il, un contrat de vente donne à l'acquéreur le droit de se mettre en possession. Il peut toujours en déposséder le vendeur, et en cela le consentement réciproque des parties forme le contrat ; mais les tiers qui n'ont point stipulé, à qui cette convention est étrangère, qui ne peuvent la connaître, ne sont nullement engagés. Et s'ils contractent avec le vendeur comme propriétaire, le consentement de celui-ci a son entier effet,

---

[1] Rapport du 13 vendémiaire an VII.

nonobstant son expropriation restée ignorée [1]. » Ces expressions prouvent clairement que dans la pensée de Crassous le vendeur était exproprié par l'effet de la simple convention, indépendamment de toute transcription, mais que cette expropriation n'était opposable aux tiers qu'après l'accomplissement de la formalité destinée à la rendre publique.

Il ne peut donc point exister de doute sur la nature des effets que la loi de brumaire attachait à la transcription. L'examen plus détaillé de ces effets et de la théorie à laquelle ils donnent naissance, trouvera place dans les explications que j'aurai à donner sur la loi du 23 mars 1855, qui a reproduit presque textuellement les dispositions de la loi de brumaire relatives à la transcription des actes translatifs de propriété.

<h3 align="center">§ 2. — Droit féodal.</h3>

49. Dans les développements qui précèdent, j'ai constamment envisagé le droit de propriété comme étant ce droit de pleine et libre disposition auquel on donnait à Rome le nom de *proprietas* ou de *dominium*. On sait toutefois que cette propriété pleine et entière était, au moyen âge et longtemps après encore, une assez rare exception. La maxime : *nulle terre sans seigneur*, formait alors la règle générale, et la plupart des héritages étaient soumis à la tenure féodale qui réduisait la propriété du tenancier à ce que l'on appelait le *domaine utile* par opposition au *domaine éminent* ou *domaine direct* qui était retenu par le seigneur.

Sans entrer ici dans l'étude approfondie de la nature particulière de chacun de ces domaines, je me bornerai à énoncer d'une manière générale que le domaine utile était l'équivalent du droit de propriété, restreint seulement dans quelques-uns de ses attributs, et que dans la langue des feu-

1 *Moniteur*, loc. cit.

distes le domaine utile est ordinairement désigné par le mot
de *propriété*, toutes les fois que ce droit n'était pas expressément opposé au domaine direct [1].

Parmi les différences qui existaient entre la pleine propriété, ou propriété allodiale, et le domaine utile, il faut
surtout noter les restrictions apportées à la transmission
de ce droit. Ces restrictions s'expliquaient par l'intérêt considérable que le seigneur avait à être tenu au courant de
toutes les mutations pouvant survenir dans la personne des
propriétaires des héritages soumis à sa directe.

En effet, lorsqu'il s'agissait d'une tenure noble, il y avait,
à chaque changement de propriétaire, ce que l'on appelait
ouverture du fief. Les devoirs de la vassalité étaient inter-
rompus, le seigneur demeurait, selon l'expression consacrée,
sans homme, et le lien féodal ne se rétablissait que par l'a-
veu de vassalité du successeur de l'ancien vassal. Le seigneur devait donc à chaque ouverture du fief exiger avant
tout la foi et l'hommage, c'est-à-dire le serment de fidélité
et l'aveu de vassalité du nouveau tenancier. Il avait, en
outre, le droit d'exiger de ce nouveau tenancier l'acquitte-
ment de certaines redevances qui, d'après les feudistes, représentaient le prix du renouvellement de la concession féodale, et dont les plus importantes étaient le droit de *quint*, dû
en cas de vente, et le droit de *relief*, perçu ordinairement en
cas de succession collatérale, de don ou d'échange. Le seigneur avait en outre la faculté, quand le fief était aliéné à
titre onéreux, d'exercer le retrait féodal, c'est-à-dire de re-
prendre le fief et de réunir ainsi le domaine utile au domaine
direct, en remboursant à l'acquéreur son prix d'acquisition.

S'il s'agissait d'héritages tenus en roture, le seigneur n'a-
vait pas, en général, d'aveu de vassalité à exiger du nouveau
tenancier, mais le changement de propriétaire donnait ouverture, en cas de vente, à la perception des droits de *lods*

---

[1] « Dominium utile, quod etiam proprietatem vocant. » Dumoulin,
In Cons. Par., § 82, glose 1, n° 8.

ou de *ventes* [1], et, d'après un certain nombre de coutumes, à l'exercice du retrait censuel [2].

Il était donc important pour le seigneur d'être exactement informé des mutations survenues dans les détenteurs du domaine utile.

50. Pour assurer aux intérêts du seigneur une protection efficace et énergique, il avait été admis en principe que, par le dessaisissement du vassal ou du tenancier survenu en vertu de n'importe quelle cause, le domaine utile venait se replacer *ipso jure* entre les mains du seigneur, de sorte que le nouveau vassal ou tenancier ne pouvait acquérir lui-même le domaine utile que par l'intermédiaire du seigneur, qui, étant ainsi nécessairement informé de la mutation, était mis à même d'exercer tous ses droits. Ce principe s'exprimait, dans la langue du droit coutumier, en disant que nul ne pouvait acquérir saisine sans le dévêtissement de l'ancien propriétaire entre les mains du seigneur et le vêtissement de l'acquéreur par le seigneur. Il fallait, en d'autres termes, pour accomplir l'aliénation, que l'ancien propriétaire fît remise de sa saisine au seigneur, et que celui-ci la baillât à l'acquéreur. L'acte translatif ne s'opérait donc pas directement entre le cédant et l'acquéreur, le seigneur leur servait d'intermédiaire obligé.

Ce principe paraît n'avoir souffert autrefois aucune exception, et n'avoir pas été appliqué seulement dans le cas de

---

[1] Il est à présumer que ce droit se décomposait autrefois en deux parties, dont l'une était à la charge du vendeur, et l'autre à celle de l'acheteur. La première devait porter le nom de *ventes*, et la seconde celui de *los* ou *lod*. Une trace de cette ancienne division semble se retrouver dans l'explication (fausse, d'ailleurs, au point de vue étymologique) qui est donnée du mot *los* par le Livre de Joslice et de Plet) : « Et est apelez *los* de *loer* ; quar la vente n'est pas parfaite devant que « le sires l'ait loée. » XII, 13, § 1. — Voyez Coutumes de Theroane, art. 11.

[2] Boulenois (nouv. Cout.), 138 ; Ponthieu, 68 ; Montreuil-sur-Mer, 70 ; Amiens (nouv. Cout.), 38 ; Artois (nouv. Cout.), 110 ; Saint-Pol, 54 ; Vallois (bailliage et duché de), 14 ; Berry, tit. XIII, 1.

succession à titre singulier, mais également dans le cas de succession à titre universel. Aussitôt que le vassal était dessaisi, la propriété et la saisine retournaient immédiatement entre les mains du seigneur direct.

« Si aucun vassal à qui le fief est propre héritage ou ac-
« quest, et qui est légitime ou loyal deménier et possesseur,
« va de vie à trespassement, son hoir, fût-ce son propre
« fils, n'est pas saisi, ni en possession et saisine, ni ne peut
« on dire par le droit commun, ni par la coutume que le
« mort saisit le vif son hoir, ni le fils de son demaine ne
« s'en peut dire saisi au regard du seigneur [1]. » *Grand Coutumier*, liv. II, chap. XXVII.

Quelques coutumes ne sont pas moins explicites :
« La coustume de ladite comté est telle, que s'aucun
« tenant fiefs ou cotteries d'aucun seigneur va de vie à tré-
« pas, iceux fiefs ou cotteries dès l'instant dudit trépas re-
« tournent de plein droit en la main et au domaine dudit
« seigneur. » Anc. Cout. de Boulenois, art. 79.

« Ainçois qu'aucun puisse avoir droit réel et propriétaire
« sur chose immeuble située en ladite comté, à luy échue
« par succession d'aucuns ses prédécesseurs, il convient
« qu'il le relève préalablement par devers le seigneur ou
« seigneurs dont ladite chose réelle est tenue et mouvant. »
Ponthieu, art. 4.

« Par ladite coutume le seigneur dont un fief est tenu et
« mouvant a la directe seigneurie dudit fief, et le vassal a
« l'utile seigneurie, par quoy, après le trépas du vassal, l'u-
« tile seigneurie retourne au seigneur qui a la directe. »
Anc. Cout. de Péronne, 9 [2].

---

[1] Ce passage est extrait textuellement de l'ancienne Coutume de Mantes, tit. XXI, art. 19.

[2] Voyez aussi ancienne Coutume d'Artois, 68 ; Saint-Pol, 38 ; Amiens (ancienne Coutume), 20 ; *id.* (nouvelle Coutume), 19 ; Cambray, tit. XII, 1 ; Douay et Orchies, *des Successions*, art. 2 comparé avec l'art. 1 du chap. 1 de la Coutume de la ville et eschevinage de Douay.

Dans le cas où la translation s'effectuait entre personnes
vivantes, l'acte translatif qui prenait le nom de *dessaisine-
saisine, devest* et *vest, deshéritance, adhéritance,* etc., s'opérait par-devant le seigneur ou ses représentants. Le cédant
se dessaisissait entre les mains du seigneur par la remise du
symbole destiné à figurer son droit de propriété. Le seigneur
remettait ensuite ce symbole à l'acquéreur pour le vêtir de
la propriété dont le cédant venait de se dépouiller.

« Par la coutume générale de ladite comté, quant au-
« cune chose immobiliaire, foncière et réelle, située en icelle
« comté, est donnée par le propriétaire, il est requis et né-
« cessaire, qu'ainçois que le donnant puisse transporter don
« et droit réel pour en jouir et posséder, soit à son héritier
« apparent ou autre, et que le donataire ou héritier y ait
« acquis droit réel pour en jouir et lever les fruits et profits,
« que le donateur, si c'est par don d'entre-vifs, s'en dessaisie
« en la main du seigneur, et que ledit seigneur contenté de
« ses droits, le donataire en soit saisi et réputé à homme
« et tenant. » Ponthieu, art. 22.

« S'ils (les héritages) vont de main en autre par vente,
« cédition ou transport, il convient que le vendeur ou do-
« nateur compare par-devant lesdits lieutenants et eschevins,
« et qu'il rapporte par rang [1] et baston lesdits héritages es
« mains dudit lieutenant, lequel lieutenant par la tradition
« dudit baston saisit l'acheteur ou donataire. » Hathies, 8.

« Par ladite coustume, en toutes donations d'entre-vifs
« faites en avancement de succession ou mariage à son hé-
« ritier présomptif ou autre de sa ligne, et aussi à autres
« personnes en pur et simple don, et semblablement en ven-
« dition, aliénation ou transport d'héritage venu de ligne
« propre, ou naissant au donateur ou vendeur, il est de né-
« cessité que tel donateur ou vendeur en personne, ou par
« procureur suffisamment fondé, compare par-devant le
« seigneur dont lesdits héritages sont tenus et mouvants, ou

----

[1] *Rang* est ici probablement pour *raim*.

« leursdits baillifs, gárdes de justice et officiers, et qu'illec en
« la présence de deux hommes de fief d'iceluy seigneur, si
« c'est en matière féodale, ou de deux eschevins jurez, ou
« hommes tenant de ladite seigneurie, si c'est en matière
« censive, ils reconnoissent lesdits dons, venditions ou alié-
« nations en eux démettant et dessaisissant actuellement par
« verge et baston en la main dudit seigneur ou ses officiers,
« revêtu comme dessus, et qu'il consente que tel donataire ou
« acheteur en soit saisi et adhérité par verge et baston : ou
« autrement, tel don, transport ou aliénation, qui serait faite
« des héritages de ligne, sans dessaisine actuelle faité par-
« devant le seigneur ou ses officiers ayant pouvoir à ce, et
« desquels les héritages seroient tenus et mouvants, ne seroit
« valable au donataire ou acheteur, et ne doit sortir aucun
« effet et valeur. » Anc. Cout. de Péronne, chap. VII.

Le principe général de la saisine seigneuriale est exprimé
par l'ancienne Coutume d'Artois en ces termes :

« Pour acquérir droit réel et propriété en aucuns héri-
« tages, soit à titre de succession, don, rachat, eschange ou
« autre aliénatif, il est requis faire appréhension de fait :
« à sçavoir, en tant que touche successions, les relever des
« seigneurs immédiats desquels ils sont tenus et mouvants ;
« mais à autre titre, il les faut apréhender, en évoquant ceux
« à qui ce touche par dessaisine et saisine faite par-devant
« les hommes et en la cour du seigneur, dont tels héritages
« sont tenus, ou par mise de faict [1] par la justice du sei-
« gneur, ou autre souveraine et compétente tenue et décrétée
« de droit. Autrement, sans apprehension par relief ou de
« fait, ou par dessaisine et saisine, nul ne peut valablement
« par succession ou autrement transporter ou transmettre
« héritage de son chef en autre personne [2]. » Artois (Anc.
Cout.), art. 46.

---

[1] Dans le cas où le vendeur se refuserait à l'accomplissement de la
dessaisine-saisine.

[2] Voyez art. 71 de la nouv. Coutume et l'art. 1 de la Coutume de
la seigneurie de Saint-Vaast.

L'accomplissement des formalités de la dessaisine-saisine opérait seul la translation de la propriété. Aussi longtemps qu'il ne s'était pas dessaisi entre les mains du seigneur, le cédant restait propriétaire de la chose livrée, quand même il aurait eu la volonté expresse d'en transférer la propriété à son acquéreur.

« Par ladite coutume, si aucun propriétaire et possesseur
« d'aucuns héritages féodaux ou cottiers vend, donne ou
« transporte à aucun autre lesdits héritages ou partie d'iceux,
« et que durant sa vie il n'ait fait aucune dessaisine ès mains
« des seigneurs féodaux, dont iceux héritages donnez, vendus
« et transportez, sont tenus ou de leurs baillifs et officiers
« ayant pouvoir de ce faire ; en ce cas, tels héritages don-
« nez, vendus et transportez, succèdent et eschéent, après la
« mort du donateur ou vendeur, aux plus prochains héritiers
« ou héritier d'iceluy donateur ou vendeur. » Anc. Cout.
d'Amiens, art. 12 [1].

Si la même chose avait été aliénée successivement au profit de deux personnes, l'acquéreur, investi ou ensaisiné par le seigneur, était réputé propriétaire alors même que la chose avait été antérieurement aliénée une première fois par le cédant, et que le premier acquéreur en avait pris possession.

« Et ne suffist l'acheteur de soy mettre de soy mesme, et
« immiscer en l'héritage par lui acquis ; car, si le vendeur le
« vendoit à autre, depuis le premier vendage et avant le veest
« baillé au premier acheteur, et il dévestoit au profit dudit
« second acheteur, en ce cas, ledit second acheteur seroit faict
« seigneur de la chose à lui vendue au préjudice dudit pre-
« mier acheteur, et pourroit valablement le dernier acheteur
« intenter le cas de nouvelleté contre le premier acheteur,
« qui n'auroit joui par an et jour, s'il le vouloit en ce trou-
« bler. » Laon, 2e partie, art. 9.

« L'acquéreur d'un héritage, supposé qu'il ne soit le pre-
« mier en lettre, si toutefois le vendeur s'estant devestu à son

---

[1] Voyez aussi Cout. de Saint-Pol, 33.

« profit, se faict vestir et ensaisiner par la justice du lieu où
« l'héritage est assis, il acquerre droit de propriété au préju-
« dice du premier acquéreur. » Cout. de Reims, art. 166.

L'acte translatif devait être complété, en ce qui concerne
les fiefs, par l'acte de foi et hommage qui en formait le complément. Mais la réception en foi et hommage n'aurait pu
suppléer à l'inaccomplissement de la dessaisine-saisine par-
devant le seigneur. C'est ce que rappelle expressément une
disposition de l'ancienne Coutume de Péronne :

« Quelque don, vendition qu'aucun fasse à autruy de son hé-
« ritage venu de ligne sans dessaisine par-devant le seigneur
« ou ses officiers, comme dit est, ce nonobstant l'héritier de
« tel donateur, est tenu et réputé propriétaire de tel héritage,
« posé ores que tel donataire ou acheteur eust été tenu en la
« foy et souffrance, ou faict hommage au seigneur, si c'étoit
« fief ; en telle manière que tel héritier puisse le confisquer,
« vendre, donner ou transporter par dessaisine et saisine à
« telle personne que bon lui semble, et le charger et obliger,
« et en disposer à son bon plaisir ; puisqu'il n'y en a eu des-
« saisine actuelle faite par son prédécesseur, comme dit est. »
Chap. XVII, n° 4.

51. Le système dont je viens d'exposer les principales
dispositions se résume donc dans ce principe, que la saisine
ne pouvait se déplacer sans passer par l'intermédiaire du
seigneur. Le maintien rigoureux de ce principe a dû être
accepté aussi longtemps que les tenures féodales ont conservé un reste de leur ancien caractère de concessions per-
sonnelles et viagères, qui devaient être renouvelées à chaque
changement de propriétaire. Mais lorsque le domaine utile se
fut consolidé entre les mains des vassaux et tenanciers, et
que leur droit parut plus indépendant de celui du seigneur
direct, il est facile de comprendre que le principe de la saisine seigneuriale dut paraître exorbitant et contraire à l'es-
sence même du droit de propriété, dont le domaine utile
tendait de jour en jour à se rapprocher davantage. Il n'est
donc pas étonnant que ce principe soit allé toujours en s'af-

faiblissant sous l'influence des légistes qui cherchaient à soumettre le droit féodal aux règles du droit commun. A l'époque de la rédaction officielle des Coutumes, un très-petit nombre des coutumes du nord de la France avaient conservé intact le principe de la saisine seigneuriale. Les autres coutumes l'avaient plus ou moins altéré ou même complétement supprimé.

C'est la matière des successions qui a donné lieu aux premières altérations apportées au système rigoureux de l'ancien droit. L'application du principe de la saisine seigneuriale à la transmission des biens par succession était énergiquement combattu par le principe, plus favorable et plus vivace, de la saisine héréditaire. La règle : *le mort saisit le vif*, était considérée comme la base de tout l'ordre des successions, et il dut paraître particulièrement grave d'en suspendre l'effet pour attribuer au seigneur la saisine que la coutume donnait de plein droit à l'héritier, à l'égard des terres allodiales. Aussi trouve-t-on de fort bonne heure une exception admise à ce sujet, et Beaumanoir enseigne déjà que c'est la coutume qui donne la saisine à l'héritier, et que celui-ci peut se mettre de sa propre autorité en possession de l'héritage recueilli dans la succession, sans qu'il lui soit nécessaire d'être ensaisiné par le seigneur[1]. Cette exception n'était, toutefois, pleinement établie qu'à l'égard des héritages tenus en roture. Lorsqu'il s'agissait d'un héritage de cette nature, l'héritier acquérait la vraie saisine par sa prise effective de possession ; car la saisine de fait venait alors se joindre à la saisine de droit donnée par la coutume.

---

[1] Cout. de Beauv., chap. VI, § 4. — Je ne saurais rien établir de précis quant à l'époque à laquelle ce changement s'est produit dans les principes. Je crois seulement possible d'affirmer que le principe de la saisine seigneuriale est plus ancien que celui de la saisine héréditaire. Ce qui semble le démontrer, c'est que certaines Coutumes appliquent, dans leur ancienne rédaction, le principe de la saisine seigneuriale dans toute sa rigueur, et le tempèrent, dans leur forme la plus récente, à l'égard des héritages transmis par succession. Tel est, par exemple, le cas de la Coutume de Péronne.

C'était à ce cas que s'appliquait la règle : *Appréhension de fait équipolle à saisine* [1].

S'il s'agissait d'un fief, la prise de possession donnait aussi à l'héritier la saisine de fait ; mais, pour qu'elle se convertît en saisine de droit, il fallait qu'il fût reçu en foi et hommage par le seigneur. L'aveu de vassalité avait été maintenu comme une condition *sine qua non* de l'ensaisinement en matière de fief. De là cette autre règle : *En fief pas de saisine sans foi* [2].

Beaumanoir énonce fort clairement ces principes :

« Et si aucun ne li empéce saisine, il (l'héritier) n'est pas
« mestiers qu'il en face demande ; car il pot entrer en la
« coze dont drois ou coutume lui donne la saisine, sans
« parler au seigneur, sauf che que, se c'est fief, il doit aler
« à l'homage du seigneur, dedans les quarante jors qu'il
« est entré en la saisine. » Cout. de Beauv., chap. VI, § 4.

L'auteur du *Grand Coutumier* suit la même idée, mais sa doctrine est plus fortement empreinte du souvenir de l'application absolue du principe de la saisine seigneuriale.

« La coustume qui dit que le mort saisit le vif est à en-
« tendre en ligne directe et en ligne collatérale : *saisina juris*
« *tantummodo et non facti*, par la manière qui s'en suyt :
« c'est à sçavoir que si notoirement il appert de la ligne et
« du lignage, le successeur est en tout saisi de droict, ainsi
« comme dict est, et ne luy est nécessaire d'aller au sei-
« gneur, ny au juge, ny autre ; mais de son auctorité se
« peut de fait ensaisiner, et à luy est nécessaire cette appré-
« hension de faict, avant qu'il se puisse dire avoir entière
« saisine... Et si c'est un fief noble, saisine de droict, ne
« autre [3], n'est acquise sans foy : car le seigneur direct est
« avant saisi que l'héritier ; mais par faire hommage et par
« relief, le seigneur direct doit saisir l'héritier : car le sei-

---

[1] Loysel, *Instit. coutum.*, liv. V, tit. IV, § 6.
[2] *Ibid.*, § 8.
[3] C'est-à-dire, ni vraie saisine.

« gneur féodal a la seigneurie directe, à laquelle la profi-
« table est adoncques conjointe et annexée par la mort du
« vassal. » *Grand Coutum.*, liv. II, chap. XXI.

Ces derniers mots semblent maintenir le principe de la
saisine seigneuriale dans toute sa rigueur; mais l'auteur
s'explique plus loin et atténue la portée de ses paroles :

« En cas de fief, n'irait jamais à l'héritier, par la mort de
« son prédécesseur, *tant seulement*. Mais on peut bien dire
« que le droict lui compète par la mort, en telle manière
« que, l'hommage faict, il se peut de son autorité ensaisiner
« sans danger. » *Grand Coutum.*, ibid.

Quelques coutumes n'étendaient le principe de la saisine
héréditaire qu'aux héritages tenus en roture[1]. D'autres lui
donnaient une application générale, sans établir de distinction entre les héritages tenus en fief et les héritages tenus
en roture :

« Le mort saisit le vif son plus proche héritier habile à
« succéder, et sa possession est continuée à l'héritier, sans
« devoir user d'aucune solennité pour cela. » Châtellenie
d'Audenarde, rubr. 23, art. 1.

« Vest et devest n'a lieu en succession d'héritage soit
« direct ou collatéral, ny en legs d'héritage[2]. » Reims, 171.

Lorsque l'aliénation était, au contraire, consommée entre
personnes vivantes, le principe de la saisine seigneuriale
était maintenu. Le dessaisissement du cédant entre les mains
du seigneur et le saisissement de l'acquéreur par le seigneur
opéraient seuls le transport de la propriété. La saisine de
l'acquéreur lui était conférée par le seigneur, tandis que
l'héritier tenait la sienne de la coutume elle-même.

Tel était le système adopté par toutes les coutumes dites
de *dessaisine-saisine* ou de *nantissement*[3]. Les unes l'exprimaient formellement, comme on vient de le voir; les autres

[1] Pays de Langle, 43 ; Péronne, Montdidier et Raye, 92.
[2] Voyez aussi pays d'Alost, rubr. 11, 3; Vallois, 77; Clermont en
Beauvoisis, 47 ; Sedan, 262.
[3] Le nom de Coutumes *de nantissement* leur venait de ce que la sai-

l'avaient admis tacitement, en n'édictant la nécessité des formalités de la dessaisine-saisine que pour le seul cas d'aliénation conventionnelle. La plupart de ces coutumes semblent même, au premier abord, n'avoir conservé les solennités de la dessaisine-saisine qu'à l'égard des censives, ce qui semblerait impliquer l'abandon du principe de la saisine seigneuriale à l'égard des fiefs. Mais cette apparence ne provient que d'une modification assez remarquable qui s'était produite dans la forme des actes translatifs relatifs aux fiefs.

Cette modification consiste dans la réunion qui s'était opérée à la longue entre l'acte translatif proprement dit (dessaisine-saisine) et l'acte de foi et hommage. La dessaisine-saisine formait originairement un acte absolument distinct de la réception en foi et hommage [1]. Cette distinction avait été maintenue par quelques coutumes :

« On deviendra homme de fief par achat et loyal marché,
« pourvu que le vendeur et l'acheteur viennent devant le
« bailly et une pleine cour d'hommes à qui la connoissance
« en appartient..., et après que le vendeur s'en sera devesti,
« l'acquéreur en sera investi, sauf le droit du seigneur, *et il*
« *fera la foy et hommage* en payant le relief observé suivant
« la coutume. » Cassel, 33.

« Quiconque est adhérité ou investi de quelque fonds
« d'héritage en fief, il est obligé de promettre la foy
« et faire l'hommage entre les mains du bailly en présence
« de deux hommes. » Châtellenie d'Ypres, chap. ccxl, 1.

Dans les autres coutumes, au contraire, la dessaisine-saisine et la réception en foi et hommage sont mentionnées comme ne formant qu'un seul et même acte, ou plutôt la réception en foi et hommage prend la place de la dessaisine-saisine, et devient ainsi l'acte translatif de propriété à l'égard des héri-

-----

sine de l'héritage était donnée par le seigneur aux prêteurs hypothécaires en *nantissement* de leur créance.

[1] Le livre des fiefs distingue très-nettement l'acte translatif (*investitura*) de l'acte de foi et hommage (*fidelitas*). Voyez lib. II, tit. 11 pr., et tit. VII, § 1.

tages tenus en fiefs. La Coutume de Reims assimile ainsi à la dessaisine-saisine des rotures la « démission que fait celui « qui aliéne son fief au seigneur féodal et la réception en « foy dudit seigneur faite au nouvel acquéreur d'iceluy « fief[1]. » L'auteur du *Grand Coutumier* nous a conservé la description de cet acte de foi et hommage, qui servait en même temps à donner à l'acquéreur la qualité de propriétaire et celle de vassal :

« Sont les paroles du vendeur telles en substance : Sire, « j'ay vendu tel héritage mouvant en fief de vous à tel, pour « tel prix. Si m'en dessaisis.... Et l'achepteur doit dire à « genoux : Monseigneur, je deviens votre homme de tant et « de tel héritage mouvant de vous en fief, ou de tel fief « qui meut de vous, assis en tel lieu, lequel j'ay achepté de « tel à tel prix. Et vous promets foy, loyauté et service : selon « ce que le fief le requiert. Adonc le seigneur doit dire : Je « vous y reçoys; et en signe de ce prendre les mains de « l'achepteur entre les siennes et le baiser en la bouche. » *Grand Coutum.*, liv. II, chap. XXVII.

L'acte d'ensaisinement était ainsi confondu complétement avec l'acte de foi et hommage, et c'est ce qui explique comment la plupart des coutumes des pays de nantissement ne font mention de l'acte de dessaisine-saisine qu'à l'égard des héritages tenus en roture.

52. Les coutumes des pays de nantissement avaient, tout en affaiblissant d'une manière sensible le principe de la saisine seigneuriale, maintenu néahmoins ses conséquences essentielles. Ce principe avait, au contraire, totalement disparu des coutumes du centre, de l'ouest et du midi de la France. D'après ces coutumes, la translation du domaine utile s'y opérait comme celle de la propriété allodiale, directement entre le cédant et l'acquéreur, indépendamment du concours du seigneur. Aussitôt l'acte translatif accompli entre les parties, l'acquéreur obtenait la saisine de droit, qui

---

1 Reims, 136 et 162; Laon, chap. IV, 37; Vallois, 27; Sedan, 73.

lui permettait de se mettre en possession de fait et d'acquérir ainsi la vraie saisine. Le progrès qui n'avait été réalisé par les coutumes des pays de nantissement que pour le cas de la transmission héréditaire avait été étendu à toutes aliénations, et la propriété féodale était, sous ce rapport au moins, rentrée presque complétement sous l'empire des principes du droit commun.

L'abrogation du principe de la saisine seigneuriale résulte, dans la plupart des coutumes, de l'absence seule des dispositions qui étaient destinées à en assurer l'observation. Quelques coutumes énoncent d'une manière formelle le principe contraire de la libre transmission :

« Et n'est besoing pour vendre, changer et aliéner les « choses féodales, ne aussi les choses tenues en cens ou en « emphyteose, de dénoncer audit seigneur féodal, censier ou « direct, ladicte aliénation ; ains se peut faire la cession, ven« dition ou aliénation d'icelles choses, *irrequisito domino*, et « sans le consentement, congié ou licence du seigneur féodal « ou direct par la coustume. » Cout. de la ville et septaine de Bourges, rubr. 4, 2.

« Et no es besounh per vendre, cambiar et aliénar las causes « feudales, ne aussi las causes tengudes en cens ou emphy« téose, denunciat au senhor feudal, censier ou direct, la « deite aliénation. Ains se pot far la cession, vendition ou « aliénation dequeres causes *irrequisito domino* et sens congit « ou licence deu senhor feudal ou direct per costume. » Cout. de Sole, tit. XVIII, 2[1].

On trouve aussi des dispositions de la même nature dans les coutumes de quelques villes du Nord qui, enclavées dans des pays de dessaisine-saisine, considéraient comme un privilége d'être affranchies du principe de la saisine seigneuriale[2].

. Il faut cependant remarquer qu'à l'égard des fiefs, la règle : *Pas de saisine sans foi*, n'avait pas été complétement

---

[1] Voyez aussi Bourbonnois (nouv. Cout.), 315 ; Comté d'Eu, 37 ; Yssouldun, tit. IV, 2 ; Verdun, tit. X, 4.

[2] Calais, ch. XII, art. 228 ; Saint-Omer, 22 ; ville de Douai, ch. III, 2.

abandonuée; mais elle avait été tempérée en ce sens que l'acquéreur, sitôt l'aliénation consommée entre lui et le cédant, était censé saisi envers tous, excepté envers le seigneur, à l'égard duquel il n'était pleinement saisi que par l'accomplissement de l'acte de foi et hommage.

« Un vassal est recevable à soy complaindre en cas de « saisine et de nouvelleté pour raison de son fief et droits « d'iceluy à l'encontre de toutes personnes..... nonobstant « qu'il n'ait esté reçu en foy et hommage de son seigneur « féodal; excepté toutesfois contre sondit seigneur féodal : « contre lequel il est aussi recevable à intenter ledit cas de « saisine et de nouvelleté, après qu'il aura été receu en foi « et hommage. » Clermont en Beauv., 50.

« Aucun, en cas de fief, n'est à ouyr ne recevoir à faire « ou intenter le cas de saisine ou de nouvelleté contre son « seigneur féodal, s'il n'est en souffrance de luy de la chose « en laquelle il se dit troublé. » Anc. Cout. de Nantes, tit. XXI, 22.

« Et ne se peut dire aucun saisi d'un fief, en tant que « touche le seigneur féodal, jusques à ce qu'il ait fait ses « devoirs audit seigneur. » Nouv. Cout. de Melun, 23.

« Le vassal pour quelque offre qu'il fasse à son seigneur « féodal, ou, en son absence, au lieu dont est mouvant son « fief, ne se peut dire saisi dudit fief à l'encontre de sondit « seigneur féodal, s'il n'en est ensaisiné et receu en foy et « hommage pa. ledit seigneur féodal, par son souverain im- « médiat, ou autre ayant à ce puissance, supposé que ledit « seigneur féodal ne fasse pas les fruits siens depuis lesdites « offres. Mais par appréhension de fait, ou par la coutume « par laquelle le mort saisit le vif, ou autrement, il se peut « dire saisi dudit fief, à l'encontre d'autre que sondit seigneur « féodal; supposé qu'il n'est point entré en foy et hom- « mage pour raison d'iceluy, ne requis y estre receu[1]. » Sens, anc. Cout., 172.

[1] Voyez aussi Sens (nouv. Cout.), 183; Auxerre (nouv. Cout.), 16; Montargis, chap. I, 52.

La Coutume de Nivernois prend le soin d'ajouter que le vassal a la saisine même contre son seigneur direct, quand celui-ci n'agit point en vertu de sa directe et pour la sauvegarde de ses droits seigneuriaux.

« Le vassal ne se peut dire saisi de la chose féodale à
« l'encontre de son seigneur féodal exploitant son fief, pour
« droit procédant de sa directe féodale : s'il n'en est receu
« en foy et hommage par ledit seigneur, ou par main sou-
« veraine expédiée partie présente ou appelée..... Mais si ledit
« seigneur prétend droit au fief par acquisition, succession
« ou autre moyen, non procédant de ladite directe féodale,
« le vassal audit cas se peut dire saisi à l'encontre do sondit
« seigneur qui en ce est réputé comme personne estrange,
« si ledit vassal a la possession par appréhension de faict ou
« autrement. » Nivernois, chap. iv, art. 50 et 52.

Cette sous-distinction, qui n'était pas exprimée dans les autres coutumes, paraît avoir dû cependant être généralement admise.

La règle : *Pas de saisine sans foi*, avait donc pris un sens fort restreint et ne se rapportait plus qu'à la saisine du vassal à l'égard de son seigneur. Cette règle avait même été effacée d'un grand nombre de coutumes qui se bornaient à conserver au seigneur le droit de pratiquer la saisine féodale faute de devoirs accomplis dans un délai fixé [1].

Les formalités de la dessaisine-saisine ont cessé probablement de meilleure heure encore d'être usitées à l'égard des héritages tenus en roture. « De la forme de saisine et des-
« saisine, » dit Charondas Le Caron dans ses notes sur le

[1] La Coutume de Poitiers (art. 21) énonce d'une manière générale que le vassal est pleinement saisi, même à l'encontre de son seigneur, avant l'accomplissement de l'acte de foi et hommage. « Quand aucune
« chose est vendue ou par autre juste contract transportée, soit chose
« noble ou roturière, hommagée ou non hommagée : celui à qui elle
« est transportée en peult prendre possession sans y appeler le sei-
« gneur du quel elle est tenue. Et supposé qu'il n'ait esté receu
« l'hommage, par tant ne laisse à posséder et prescrire. »

Grand Coutumier (liv. II, chap. XXV), « que Bouteillor et autres
« anciens praticiens appellent vest ou advest et devest, n'est
« besoing d'en traiter davantage que faitnotre autheur, parce
« qu'elle n'est plus à présent en usage, les notaires par style
« mettant aux contrats la dessaisine que fait le vendour, et
« consentement d'ensaisiner l'achopteur par le seigneur. »

L'acte translatif se réduisait ainsi à une simple déclaration
qui opérait le déplacement de la propriété, sans le concours
du seigneur, et même malgré sa volonté [1]. L'acquéreur
était, au moyen de cette déclaration, investi de la saisine de
droit, et il obtenait la vraie saisine de la chose cédée par la
prise de possession effective en vertu de la règle : *Appréhension de fait équipolle à saisine.*

C'est ce qu'exprimait la Coutume de Sens en disant : « Le
« seigneur censier n'a aucun droit de vest ne devest, parce
« qu'il n'est point de nécessité que l'acheteur soit ensaisiné
« par le seigneur censier; mais peut prendre de son auto-
« rité et sans offense la possession de l'héritage à lui ven-
« du [2]. » Sens, art. 224. — L'ensaisinement de l'acquéreur
par le seigneur était ainsi devenu un acte purement volontaire. L'auteur du *Grand Coutumier* (liv. II, chap. XXV)
signale déjà ce progrès du droit. Après avoir décrit les formalités de la dessaisine-saisine, il ajoute qu'elles sont pratiquées
« si ainsi est que ledict vendour se veuille faire ensaisiner ;
« car, par la coutume de ladicte prévôté, il ne prend saisine
« qui ne veut. » Cette règle : *Il ne prend saisine qui ne veut,*
avait été textuellement reproduite par un certain nombre de
coutumes [3]. D'autres coutumes avaient consacré tacitement
le même principe, en supprimant toute mention des actes de
dessaisine-saisine comme condition de la translation du droit
de propriété.

[1] Voyez Orléans (anc. Cout.), 218; (nouv. Cout.), 278; Montargis,
chap. II, 7.

[2] Voyez aussi Sens (nouv. Cout.), 227; Auxérre (anc. Cout.), 123;
(nouv. Cout.), 46.

[3] Paris, 56 ; Etampes, 173 ; Dourdan, 45 ; Montfort-l'Amaury, 53, etc

On voit ainsi que, sauf dans les provinces dites *de nantis-sement*, le principe de la saisine seigneuriale avait été graduellement abandonné d'une manière à peu près complète. Le domaine utile avait été assimilé, quant à sa translation, au droit de pleine propriété ou de propriété allodiale. L'acte translatif était devenu indépendant de la réception en foi et hommage pour les fiefs, et de l'ensaisinement pour les censives [1].

L'ensaisinement n'avait pas cependant été complétement aboli. Il avait même été conservé comme mesure de publicité dans un grand nombre de coutumes qui ne faisaient courir l'an de délai pour le retrait féodal ou lignager que du jour où cet ensaisinement avait été accompli.

D'autres coutumes avaient, au contraire, effacé jusqu'aux derniers vestiges des anciennes formalités de la dessaisine-saisine, et déclaré que l'ensaisinement était inutile pour faire courir l'an de délai de retrait lignager. Ces coutumes faisaient alors courir ce délai, ou bien du jour de la vente [2], ou bien, en spécifiant davantage, du jour de la passation du contrat de vente [3]. Quelques-unes indiquaient comme point de départ le jour de la prise de possession [4] ou celui de la publication du contrat [5].

[1] L'ensaisinement avait été maintenu par une série d'édits à l'égard des fiefs et des censives mouvant du domaine royal : édits d'août 1669, mars 1673, avril 1685, décembre 1689, décembre 1701, mai 1710. Ce dernier édit disposait formellement que la prescription ne courrait au profit des acquéreurs que du jour de l'ensaisinement au siége royal. Les domanistes s'étaient toujours montrés fort hostiles à l'abolition du principe de la saisine seigneuriale. Fréminville (*Dict. des Fiefs*, vº ENSAISINEMENT) déclare la règle : Appréhension de fait équipolle à saisine, contraire à la loi des fiefs.

[2] Chartres, 65 ; Bourges, rubr. 6, 1 ; Sens, 31, (nouv. Cout.), 32 ; Auxerre, (anc. Cout.), 39.

[3] Auxerre (nouv. Cout.), 154 ; Perche, chap. *des Venditions*, art. 1 ; Blois, 193.

[4] Nivernois, chap. XXXI, 2.

[5] Normandie, 452 ; Comté d'Eu, 174.

DROIT FRANÇAIS MODERNE.

53. Au moment où furent abordées les premières études relatives à la préparation d'un projet de Code civil, la transmission du droit de propriété se trouvait soumise à la théorie mixte provenant, comme je l'ai établi précédemment, du mélange des principes du droit romain et de ceux du droit coutumier.

La pratique donnait aux conventions un plein effet translatif; la doctrine maintenait la nécessité de la tradition, mais en réduisant cet acte à n'être plus qu'une pure formalité. La loi de brumaire, enfin, exigeait la transcription pour rendre la translation du droit de propriété opposable aux tiers, sans s'expliquer d'ailleurs nettement sur l'effet de la convention non transcrite entre les parties.

Les incertitudes de la théorie qui résultait de l'application de principes aussi divers se révèlent manifestement dans la rédaction de ceux des articles des différents projets du Code qui eurent pour objet la transmission de la propriété.

Dans le premier projet présenté par Cambacérès, en exécution du décret de la Convention du 24 juin 1793, les contrats, c'est-à-dire les conventions, et la tradition étaient considérés comme deux modes translatifs distincts. Ainsi, le titre II du livre III de ce projet avait pour rubrique : Des manières d'acquérir les biens *indépendantes des contrats*.

Parmi ces manières était comprise la tradition, comme l'expliquent les quatre premiers articles :

« ART. 1er. — Les obligations peuvent servir de moyens pour arriver à la propriété; elles ne la transmettent pas de plein droit; la tradition seule peut opérer cet effet.

« ART. 2. — La tradition est l'acte par lequel la possession d'une chose est transférée des mains d'une personne en celles d'une autre.

« ART. 3. — Lorsque la tradition est faite par le propriétaire de la chose, la translation qu'elle fait de la possession entraîne celle de la propriété.

« ART. 4. — La tradition des meubles corporels ne peut s'opérer que par la délivrance de la chose même; celle des immeubles et des droits incorporels, tant mobiliers qu'immobiliers, est fictive; elle s'opère par la délivrance du titre de l'obligation qui a pour objet d'en transférer la propriété [1]. »

Ce projet trahit, comme on le voit, une singulière confusion d'idées. Après avoir implicitement attribué aux contrats l'effet translatif, on y énonce que les obligations ne peuvent servir que de *moyens pour arriver à la propriété*, et que la tradition peut seule la transmettre. Les deux principes du droit romain et du droit coutumier étaient donc admis cumulativement, et leur contradiction, loin d'être dissimulée, était, au contraire, mise en pleine évidence. Une disposition non moins bizarre affectait exclusivement la tradition réelle aux meubles et la tradition fictive, c'est-à-dire symbolique, aux immeubles.

La Convention renvoya ce projet à une commission chargée de le réviser et de le retoucher. Le nouveau projet présenté par cette commission contenait, dans son article 88 (liv. II, tit. V), l'énumération de tous les moyens d'acquérir la propriété. Il y était dit [2] :

« La propriété s'acquiert :

______

[1] Fenet, t. I, p. 74.
[2] *Ibid.*, p. 118.

« Par l'occupation,

« Par l'accession,

« Par la tradition,

« Par la donation,

« Par la succession,

« Par la prescription. »

Parmi ces modes, la tradition et la donation étaient les seuls applicables à la translation conventionnelle de la propriété. Il serait assez difficile de s'expliquer pourquoi la donation était ici mentionnée de préférence à tout autre contrat, si l'on ne se rappelait que sous le mot de *donation* l'on comprenait autrefois aussi les donations testamentaires ou legs, de sorte que l'expression de *donation* était destinée à désigner non-seulement les donations entre-vifs et à cause de mort, mais principalement les legs qui formaient, comme on le sait, en droit romain, un mode particulier d'acquisition. La tradition, qui constituait donc par le fait le seul mode d'acquisition exclusivement applicable à la translation conventionnelle du droit de propriété, était définie en ces termes par les articles 91 et 92 du projet :

« ART. 91. — La tradition s'opère par l'acte qui a pour objet de transférer la propriété.

« ART. 92. — Elle s'opère encore par la délivrance réelle, lorsqu'il s'agit de marchandises ou d'effets mobiliers. »

La distinction établie par le premier projet entre la tradition des immeubles et celle des meubles était maintenue ; mais une modification considérable avait été apportée à la définition de la tradition applicable aux immeubles. Cette tradition était, en effet, définie comme s'opérant « par l'acte qui a pour objet de transférer la propriété. » Cet acte n'était évidemment pas autre chose que le contrat par lequel le cédant s'était obligé à transférer la propriété. On réputait accomplie *ipso jure* l'obligation née de ce contrat.

La disposition de l'article 91 arrivait donc, en définitive, à consacrer le principe d'après lequel la propriété était transférée au moment même où la convention était formée

entre les parties. Seulement, au lieu d'exprimer directement cette idée, on n'y arrivait que par un détour, en énonçant que la tradition était censée opérée par cela même que
le contrat était formé entre les parties. L'habitude de considérer la tradition comme indispensable à la translation de
la propriété avait empêché d'attribuer ouvertement l'effet
translatif à la convention, et, au lieu de dire que la propriété
s'acquérait par la convention, on préférait dire qu'elle
s'acquérait par la tradition, sauf à exprimer ensuite que la
tradition était censée opérée de plein droit au moment
même où la convention devenait parfaite.

Le même détour avait été conservé dans le troisième projet présenté par Cambacérès à la Convention [1]. L'article 506
reproduisait l'article 88 précité du second projet. L'article 534 disposait que « la tradition des immeubles s'o-
père par l'acte qui en transfère la propriété. » La signification attribuée par le rédacteur du projet à cet article ressort
clairement du rapport dans lequel il en expliquait l'effet et
la portée. Après avoir dit que « la tradition est une sorte
d'investiture donnée par le propriétaire d'une chose à celui
qu'il veut se substituer, » Cambacérès ajoutait : « Les
Romains avaient conçu la tradition d'après cet esprit de
formule dont Cicéron a si bien dévoilé la cause : ils distinguaient la tradition par les diverses manières dont elle s'effectuait; mais elle n'avait jamais lieu par le seul acte translatif de propriété. Le principe opposé nous a paru conduire
à de plus heureux résultats. C'est par la volonté seule que
se fait la transmission de la propriété. Quand cette volonté
est constatée par un acte juridique, pourquoi exigerait-on
d'autres formalités? Par là on se rapproche des idées naturelles; par là on prévient des procès sans nombre qui ne
manquaient point de s'élever dans le cas où la chose venait
à être détériorée ou à périr avant la tradition, lorsque le
propriétaire refusait de la livrer, lorsque, après avoir

---

[1] Voyez ce projet dans Fenet, t. I, p. 255 et suiv.

vendu une chose sans l'avoir livrée, le propriétaire la ven-
dait une seconde fois et la livrait au nouvel acheteur. Ainsi,
tout sera simplifié en décidant que la tradition s'opère par
l'acte qui transmet la propriété et par la délivrance
réelle, lorsqu'il s'agit de marchandises ou d'effets mobiliers[1]. »

La différence entre le système que l'on proposait de consacrer et le système du droit romain était ici clairement
aperçue et nettement indiquée ; seulement le respect des
anciennes habitudes de la doctrine avait fait conserver le
mot de *tradition*, bien que la chose elle-même, la tradition
telle que la définissait le droit romain, eût été, en définitive, complétement supprimée.

On ne pouvait cependant attribuer pleinement à la convention l'effet translatif sans déroger au principe consacré
par la loi de brumaire, sur laquelle reposait tout le système
hypothécaire alors en vigueur. Cette loi imposait, en effet,
la transcription comme condition indispensable à la translation de la propriété à l'égard des tiers, tandis que, si
l'on décidait que la convention seule transférait pleinement
la propriété, il était évident que la transcription perdait
aussitôt son principal effet. Cette conséquence avait été admise par l'auteur du projet, qui, pour ne laisser aucun doute
sur ce point, avait formellement disposé dans l'article 535
que, « s'il y a concours entre deux acquéreurs ou donataires, la préférence est accordée au premier, quoique la
tradition réelle de l'immeuble ait été faite au second, et
sauf l'indemnité de celui-ci contre le vendeur. » La propriété ne devait ainsi pas rester à l'acquéreur qui avait fait
transcrire le premier, mais à celui dont le contrat avait la
date la plus ancienne. La loi de brumaire se trouvait ainsi
atteinte dans la principale de ses dispositions.

54. Les différents projets de Cambacérès restèrent, comme
on le sait, sans suite, et un nouveau projet de Code civil fut

---

[1] Fenet, t. I, p. 105.

plus tard rédigé, sur l'initiative du premier Consul, par une commission chargée de ce travail[1].

L'article 1 du livre IV de ce projet était ainsi conçu :

« La propriété des biens s'acquiert :

« 1° Par la puissance paternelle ;

« 2° Par la succession ;

« 3° Par les obligations qui naissent des contrats ou con-« ventions ;

« 4° Par les obligations qui résultent du seul fait de « l'homme, sans convention, tel que les quasi-contrats ou « quasi-délits ;

« 5° Par l'accession ou l'incorporation ;

« 6° Par la prescription. »

Les auteurs du projet avaient, comme on le voit, généralisé le principe énoncé dans le troisième projet de Cambacérès. Ce jurisconsulte avait proposé de réputer accomplie de plein droit l'obligation de transférer la propriété née de la convention des parties. Le nouveau projet donnait le même effet à toutes les obligations ayant la translation de la propriété pour objet, sans distinguer si ces obligations naissaient ou non de la convention des parties. On arrivait ainsi à dire que la propriété s'acquérait par toute espèce d'obligations, et cette manière de parler, en apparence fort inexacte, était cependant très-juste dans le fond, puisque, l'obligation étant réputée accomplie *ipso jure*, celui au profit duquel naissait une semblable obligation devenait en même temps créancier et propriétaire.

Cette théorie arrivait ainsi à assimiler entre eux le cas de la translation conventionnelle et le cas de la translation légale. C'était, en effet, la convention des parties qui faisait naître l'obligation, mais c'était la loi qui réputait l'obligation accomplie et qui faisait passer la propriété des mains du débiteur entre celles du créancier. La translation de la

---

[1] Voyez ce projet dans Fenet, t. II, p. 121 et suiv.

propriété s'opérait médiatement par la convention des parties, et immédiatement par la volonté de la loi.

Les articles 37 et suivants du titre : *De l'effet des obliga-tions*, contenait le développement de ces idées.

L'article 37 était ainsi conçu :

« L'obligation de livrer la chose est parfaite par le seul consentement des parties contractantes. Elle rend le créancier propriétaire et met la chose à ses risques dès l'instant où elle a dû être livrée, encore que la tradition n'en ait point été faite, à moins que le débiteur ne soit en demeure de la livrer, auquel cas la chose reste aux risques de ce dernier. »

L'article 38 ajoutait :

« Dès l'instant que le propriétaire a contracté, par un acte authentique, l'obligation de donner ou livrer un immeuble, il en est exproprié; l'immeuble ne peut plus être saisi sur lui par ses créanciers; l'aliénation qu'il en fait postérieurement est nulle, et la tradition qu'il en aurait pu faire à un second acquéreur ne donne aucune préférence à celui-ci, lequel est obligé de restituer l'immeuble à celui dont le titre est antérieur, sauf l recours du second acquéreur contre le vendeur, ainsi qu'il est dit au titre *Du contrat de vente.* »

Cet article était destiné, comme celui qui lui correspondait dans le dernier projet de Cambacérès, à supprimer la disposition par laquelle la loi de brumaire, en butte déjà à de nombreuses attaques, imposait la transcription comme condition du déplacement de la propriété à l'égard des tiers intéressés.

Les mêmes principes étaient maintenus dans tout le reste du projet; ainsi, dans le titre relatif à la vente, l'article 2 disposait que la vente « est *accomplie* dès qu'on est convenu de la chose et du prix, quoique la chose n'ait pas encore été livrée ni le prix payé; » et l'article 25 exprimait que « la tradition des immeubles s'opère par l'acte seul qui en transfère la propriété. »

Le projet fut, dans cet état, soumis aux observations des tribunaux d'appel.

Les dispositions relatives au système de la translation conventionnelle de la propriété passèrent généralement inaperçues. Deux tribunaux, ceux d'Ajaccio et d'Amiens [1], firent observer que les quasi-contrats et les quasi-délits ne produisaient qu'une action en dommages-intérêts, et qu'il semblait impossible de ranger les obligations produites par ces actes au nombre de celles qui font acquérir la propriété. Le tribunal de Toulouse [2] émit, au contraire, l'avis que les obligations résultant d'un délit devaient être ajoutées aux obligations résultant d'un quasi-contrat ou d'un quasi-délit, dans l'énumération faite par le projet.

Le tribunal de Paris [3] seul mit en évidence avec une grande fermeté de doctrine les innovations consacrées par le projet du gouvernement. S'arrêtant d'abord à la disposition relative aux obligations émanant d'un quasi-contrat ou d'un quasi-délit, le tribunal faisait observer que :

« La propriété d'un meuble ni d'un immeuble ne s'acquérait jamais en vertu d'un quasi-contrat ou d'un quasi-délit ; il n'en résulte qu'une action personnelle à fin de prestation des engagements formés par le quasi-contrat, ou en réparation du quasi-délit. »

Il ajoutait ensuite :

« Il ne paraît pas plus exact de dire que la propriété s'acquiert par les obligations qui naissent des contrats ou conventions. Elle s'acquiert, comme nous croyons pouvoir l'établir en son lieu, par la tradition : dans les immeubles, suivant la loi actuellement subsistante, par la transcription du contrat ; et, s'il s'agit d'une dette active, par la signification au débiteur : jamais en vertu du contrat même.

« Il semble qu'on aurait mieux fait de s'en tenir aux idées

---

[1] Fenet, t. III, p. 121 et 131.
[2] Ibid., t. V, p. 575.
[3] Ibid., p. 211.

reçues ; et, après avoir parlé d'abord des personnes, ensuite des choses, de distinguer à l'égard de celles-ci, comme font tous les jurisconsultes, deux sortes de droits : le droit à la chose, le droit dans la chose. On aurait observé que le premier naît des obligations, et l'on aurait traité de toutes les obligations, sans en excepter celles qui résultent immédiatement de la loi, ni celles qui proviennent d'un délit, lesquelles ne sont point étrangères au droit civil strictement pris, puisqu'elles peuvent et doivent même quelquefois se poursuivre par voie civile.

« On aurait ensuite remarqué que le droit dans la chose s'acquiert de différentes manières, et là seraient venues toutes les manières d'acquérir : d'abord par le droit naturel et des gens, l'*occupation*, pour laquelle on renverrait, en ce qui concerne la chasse et la pêche, les trésors, etc., aux lois qui leur sont particulières ; l'*accession* ou *incorporation*, et la *tradition ;* par le droit civil, les *successions*, les *testaments*, la *prescription*. »

Arrivant au titre des effets des obligations, le tribunal s'arrêtait de nouveau sur l'article 38, et signalait le bouleversement que cet article introduirait dans tout le régime hypothécaire créé par la loi de brumaire. Il faisait observer que, si l'on maintenait cette loi, c'était la transcription qui expropriait ; il ajoutait : « Si on l'abolit, il faut s'en tenir à l'ancien principe suivant lequel la propriété de l'immeuble passe d'une main à l'autre, non point par le seul contrat d'aliénation et les différentes clauses qu'il contient, mais par la tradition réelle et la mise en possession du nouvel acquéreur. »

Le tribunal ne proposait pas, au surplus, le retour pur et simple au droit romain ; il se prononçait pour cette théorie mixte que la pratique avait d'abord fait prévaloir et que la loi de brumaire avait définitivement consacrée. Tel est le sens de ces paroles :

« Il ne s'agit pas de savoir comment s'opère l'expropriation vis-à-vis du vendeur lui-même ; on convient que, par rapport à lui, il est exproprié par son seul fait, et le consentement qu'il donne à l'entrée en jouissance de l'acquéreur; toute la difficulté roule ici vis-à-vis des tiers. Or, qui ne voit pas qu'à l'égard des tiers, l'expropriation ne peut s'opérer que par un fait extérieur et public, qui avertisse que la propriété a changé de mains ? »

55. Ces conseils ne furent pas complétement suivis. L'article relatif à l'énumération des modes d'acquisition fut modifié seulement en ce qui concernait la puissance paternelle et les obligations naissant des quasi-contrats et des quasi-délits. Dans la rédaction définitive soumise à la discussion du Conseil d'Etat, on le divisa en deux articles qui sont devenus les articles 711 et 712 du Code Napoléon, ainsi conçus :

« Art. 711. — La propriété des biens s'acquiert et se transmet par succession, par donation entre-vifs ou testamentaire, et par l'effet des obligations.

« Art. 712. — La propriété s'acquiert aussi par accession ou incorporation, et par prescription. »

Le premier article comprenait, comme on le voit, ce que les anciens commentateurs appelaient les modes dérivés d'acquisition, tandis que le second se référait exclusivement aux modes primaires.

Ces articles ne furent, au sein du Conseil d'Etat, l'objet d'aucune discussion sérieuse. Le consul Cambacérès, qui paraît avoir tenu à conserver la tradition au moins de nom, demanda pourquoi, conformément au droit romain, la tradition n'était pas mise au nombre des manières d'acquérir. M. Treilhard répondit que les caractères et les effets de la tradition seraient expliqués au titre des effets des obligations. M. Tronchet ajouta : qu'en effet la tradition n'était que le mode d'exécution d'un engagement; que même les meubles seuls en étaient susceptibles. Le consul Cambacérès se contenta de ces explications, et les deux articles adoptés par le Conseil furent votés par le Corps législatif sans avoir soulevé d'objections de la part du Tribunat [1].

Le titre : *De l'effet des obligations*, ne fut pas présenté au Corps législatif tel qu'il était dans le projet soumis à la discussion du Conseil d'Etat. Des deux, articles qui se rapportaient à la translation de la propriété, l'un, l'ancien article 37 devenu l'article 36, fut à peu près intégralement reproduit et est devenu l'article 1138 du Code Napoléon; l'autre, l'ancien article 38, fut, au contraire, supprimé. Cette suppression était le résultat de la lutte qui s'engageait dès lors dans le sein du Conseil sur le sort de la loi de brumaire. L'article 38 préjugeait trop ouvertement l'abandon des principes consacrés par cette loi pour ne pas être vivement attaqué par les défenseurs du régime alors en vigueur. La discussion définitive sur le maintien du système de la loi de brumaire ayant été ajournée jusqu'au moment de la discussion du régime hypothécaire, l'article 38 fut rejeté et remplacé par l'article 1140 actuel, ainsi conçu :

« Les effets de l'obligation de donner ou de livrer un immeuble sont réglés au titre : *De la vente*, et au titre : *Des priviléges et hypothèques.* »

Dans l'exposé des motifs, M. Bigot-Préameneu se borna à insister sur ce que la convention transférait désormais la propriété sans que la tradition fût nécessaire. « C'est le consentement des contractants, disait-il, qui rend parfaite l'obligation de livrer la chose. Il n'est donc pas besoin de tradition réelle pour que le créancier doive être considéré comme propriétaire aussitôt que l'instant où la livraison doit se faire est arrivé. Ce n'est plus alors un simple droit à la chose qu'a le créancier, c'est un droit de propriété : *jus in re* [2]. »

Le tribun Favart disait, en paraphrasant les expressions du texte : « L'obligation de livrer la chose rend le créancier

<hr>

[1] Fenet, t. XII, p. 4.
[2] *Ibid.*, t. XIII, p. 230.

propriétaire du moment que le consentement a formé le contrat ; » et il ajoutait : « Ces principes ont été consacrés de tout temps parmi nous, » ce qui prouve combien l'effet translatif attribué à la convention était alors généralement admis dans la pratique.

56. Dans la discussion du titre de la vente, la doctrine de l'exécution fictive de l'obligation a été de nouveau explicitement développée.

M. Portalis disait dans son exposé des motifs : « On décide dans le projet de loi que la vente en général est parfaite, quoique la chose vendue n'ait pas encore été livrée, et que le prix n'ait point été payé.

« Dans les premiers âges, il fallait tradition et occupation corporelle pour consommer un transport de propriété. Nous trouvons dans la jurisprudence romaine une multitude de règles et de subtilités qui dérivent de ces premières idées.

« Nous citerons entre autres cette maxime : *Traditionibus et non pactis dominia rerum transferuntur.*

« Dans les principes de notre droit français, le contrat suffit, et ces principes sont à la fois plus conformes à la raison et plus favorables à la société[1]. »

Les partisans de la loi de brumaire ne laissèrent pas passer ces principes sans quelques réserves. Ils firent insérer l'article suivant, qui est devenu l'article 1583 du Code Napoléon :

« Elle (la vente) est parfaite *entre les parties*, et la propriété est acquise de droit à l'acheteur *à l'égard du vendeur*, dès qu'on est convenu de la chose et du prix, quoique la chose n'ait pas encore été livrée ni le prix payé. »

La portée de cette réserve a été développée par les tribuns Faure et Grenier :

« Dès qu'on est convenu, disait le tribun Faure, de la chose et du prix, la vente est parfaite. L'acquéreur devient propriétaire de l'objet vendu : le vendeur cesse de l'être ;

---

[1] Fenet, t. XIV, p. 112.

elle est parfaite, quoique le vendeur n'ait encore rien livré,
quoique l'acquéreur n'ait encore rien payé.

« L'on doit cependant observer que la propriété n'est acquise de droit à l'acheteur qu'à l'égard du vendeur. Les
conventions n'obligent que ceux avec lesquels elles sont
passées. C'est là une règle commune à toute espèce de contrat [1]. Aucune des obligations qui résultent de la vente ne
peut donc préjudicier aux tiers qui n'y ont pas été parties
et qui étaient fondés à réclamer quelque chose [2].

Le tribun Grenier réservait plus explicitement encore les
effets de la transcription :

« La vente, disait-il, étant une fois établie légalement, la
transmission de la propriété, dès l'instant qu'elle devra avoir
lieu, selon les différents cas déterminés par la loi, s'opérera
de droit.

« Mais à ce sujet même il était essentiel que le législateur
indiquât que cette règle, dans sa généralité, ne devait avoir
lieu, comme il est dit dans l'article 2 (1583), que de l'acheteur à l'égard du vendeur. Il était de toute évidence que
cette règle ne devait pas être appliquée à l'égard des tiers
qui pourraient avoir sur la chose un droit antérieur à la
vente qui en serait faite. Elle ne devait pas plus l'être à
l'égard des tiers qui n'auraient acquis un droit que postérieurement à la vente, mais qui devaient le conserver si
cette vente n'avait pas été revêtue de certaines formalités
prescrites par la loi comme moyens, de parvenir à la con-
solidation de la propriété.

« Je citerai, pour exemple de ce que je viens de dire, la
formalité de la transcription des contrats de vente, établie
par l'article 26 de la loi du 11 brumaire an VII, relative au
régime hypothécaire, et qui peut être maintenue par la loi
qui est attendue sur les hypothèques. Jusqu'à cette trans-

---

[1] Il est inutile de faire remarquer combien ces paroles trahissent
la confusion qui était alors si généralement faite entre le droit personnel résultant de la convention et le droit de propriété.

[2] Fenet, t. XIV, p. 152.

cription, les actes translatifs de biens et droits susceptibles d'hypothèque ne peuvent être opposés aux tiers qui auraient contracté avec le vendeur, et qui se seraient conformés aux conditions établies par cette même loi du 11 brumaire.

« On sent donc la sagesse de la limitation de l'article du projet de loi résultant de ces expressions : « Et la propriété « est acquise de droit à l'acheteur *à l'égard du vendeur* [1]. »

Malgré ces réserves formelles, on voit que, même chez les partisans de la loi de brumaire, il était généralement admis que la tradition était accomplie par le seul fait de l'obligation du cédant vis-à-vis de l'acquéreur. On pouvait donc penser que, dans les articles relatifs à la délivrance, il serait exprimé, comme dans les projets antérieurs, que la délivrance des immeubles s'opère « par l'acte même qui en transfère la propriété. » Mais les rédacteurs du Code se sont abstenus ici de toute allusion à leur système relatif à la translation du droit de propriété. Ils ont considéré la délivrance au point de vue purement matériel, c'est-à-dire comme moyen d'exécuter en fait la tradition, déjà accomplie en droit par la volonté de la loi. Dans cet ordre d'idées, il aurait suffi de dire que la délivrance consistait dans la remise de la possession. Mais les rédacteurs du Code, habitués à trouver dans tous les anciens auteurs une énumération des différents modes de tradition, n'ont pas cru pouvoir se dispenser d'en donner une à leur tour. C'est dans ce but qu'ils ont inséré l'article 1605, ainsi conçu :

« L'obligation de délivrer les immeubles est remplie, de la part du vendeur, lorsqu'il a remis les clefs, s'il s'agit d'un bâtiment, ou lorsqu'il a remis les titres de propriété. »

Cet article, qui n'a d'ailleurs soulevé aucune objection, soit dans le sein du Conseil d'Etat, soit de la part du Tribunat, était à la fois incomplet et inutile. Du moment où la

[1] Fenet, t. XIV, p. 188.

tradition ne constituait plus qu'un mode de l'exécution matérielle de l'engagement de transférer la propriété, il est clair qu'il fallait laisser au juge toute liberté pour apprécier si l'obligation se trouvait réellement exécutée, et qu'il était imprudent de déclarer la délivrance comme suffisamment accomplie par des actes qui étaient bien plus propres à indiquer la volonté de transférer la propriété, qu'à prouver l'accomplissement de la translation elle-même.

57. L'achèvement du système du Code relatif à la translation de la propriété avait, comme je l'ai déjà fait remarquer, été suspendu jusqu'à la conclusion des débats qui devaient s'ouvrir sur la constitution du régime hypothécaire. Il avait bien été admis en principe que la tradition ne serait plus nécessaire pour la translation du droit de propriété, mais la transcription n'avait pas été également sacrifiée. Ses partisans reconnaissaient bien, en se conformant à la doctrine généralement adoptée, que la convention transférait la propriété entre les parties; mais ils prétendaient conserver la disposition en vertu de laquelle la propriété n'était transférée, à l'égard des tiers, que par la transcription du titre. La lutte, ajournée jusqu'alors, s'ouvrit sur la discussion de l'article 91 du titre des hypothèques, ainsi conçu :

« Les actes translatifs de propriété qui n'ont pas été transcrits ne peuvent être opposés aux tiers qui auraient contracté avec le vendeur et qui se seraient conformés aux dispositions de la présente. »

Cet article fut attaqué par MM. Malleville et Tronchet.

M. Malleville s'était borné à appeler l'attention du Conseil sur la position fâcheuse où se trouverait un premier acquéreur de bonne foi en face d'un second acquéreur qui aurait fait transcrire avant lui.

L'argumentation de M. Tronchet, plus véhémente dans la forme, n'était pas plus solide au fond. Il commençait par déclarer que, si le principe de la transcription était admis, aucune propriété ne serait plus certaine, puisque toutes les ventes anciennement conclues et non transcrites pourraient être méconnues par un nouvel acquéreur muni d'un titre transcrit. Il objectait ensuite que, d'après l'article 92 du projet (deuxième paragraphe de l'article 2182 actuel), l'héritage ne passait au nouveau propriétaire, en vertu de la transcription, qu'avec les droits qui appartiennent au vendeur sur cet héritage. Or, si la disposition de cet article était maintenue, la transcription ne saurait protéger le second acquéreur contre le premier, puisque, après la première vente, le vendeur avait perdu tout droit sur l'héritage, et qu'ainsi la seconde vente, même transcrite, ne pourrait conférer aucun droit de propriété au second acquéreur. Si, au contraire, la disposition de cet article n'était pas maintenue, ou du moins n'était pas, appliquée au cas de deux ventes successives, on attribuait, par cela même, à la transcription l'effet exorbitant de purger la propriété, c'est-à-dire de faire évanouir tout droit de propriété existant auparavant sur l'héritage. La transcription alors investissait l'acquéreur de la propriété par sa seule puissance, bien que le cédant, de qui l'acquéreur tient le titre qu'il fait transcrire, n'eût lui-même aucun droit sur l'héritage.

M. Treilhard défendit l'article contre le premier grief énoncé par M. Tronchet, en affirmant que cet article n'aurait aucun effet rétroactif et que son application ne serait pas étendue aux ventes antérieures à la loi du 11 brumaire. Relativement à la seconde objection, il se borna à énoncer que la disposition de l'article ne concernait que le vendeur propriétaire véritable, et non le faux propriétaire qui a vendu l'héritage d'autrui. Il ajoutait que, si le vendeur n'avait point la propriété de l'immeuble, la transcription du contrat ne la transmettrait point à l'acheteur. Cette réponse ne détruisait évidemment pas l'argumentation de M. Tronchet sur l'antinomie apparente des articles 91 et 92 du projet. Pour résoudre la contradiction qui semblait exister entre ces articles, il aurait fallu faire remarquer que, jusqu'au moment de la transcription, la propriété ne serait réellement pas déplacée, et que, le vendeur restant propriétaire, il pourrait ainsi valablement passer une seconde vente, capable, après transcription, de rendre le second acquéreur définitivement propriétaire.

Mais le Conseil avait été habitué jusqu'alors à entendre répéter que la convention seule transférait la propriété, que l'obligation une fois contractée était réputée accomplie, et ces idées lui semblaient inconciliables avec la faculté laissée au vendeur de consentir efficacement une seconde vente après la première. On n'avait pas songé à distinguer entre le droit transmis par la convention et le droit transmis par la transcription ; tous deux étaient également qualifiés de propriété, et l'on se retrouvait alors en face de cette idée, qui paraissait insoutenable, d'un vendeur capable de consentir successivement deux ventes, opérant chacune le déplacement de la propriété.

Les explications de M. Treilhard ne satisfirent point le Conseil qui renvoya les articles à la section pour être retouchés, après avoir adopté en principe :

1° Que la disposition de l'article 92 n'était pas applicable aux contrats de vente antérieurs à la loi du 11 brumaire ;

2° Que la transcription du contrat ne transfère pas à l'acheteur la propriété, lorsque le vendeur n'était pas propriétaire [1].

On sait que l'article 91 ne fut pas reproduit dans le nouveau projet qui fut soumis au Corps législatif. Rien d'ailleurs, dans les procès-verbaux des séances du Conseil d'Etat, ne fait connaître les motifs de cette suppression. La transcription se trouva ainsi exclue du Code en tant que condition obligée de la translation du droit de propriété, et ne subsista plus qu'à l'état de préliminaire de la purge des hypothèques.

58. Cette exclusion n'était toutefois pas complète.

La transcription avait, en effet, été maintenue par le

____
[1] Fenet, t. XV, p. 386.

Code à l'égard des donations. Ces actes, qui avaient toujours été vus par notre législation avec une certaine défaveur, étaient soumis, dans l'ancien droit, à la formalité de l'insinuation. L'insinuation n'était, comme je l'ai dit plus haut, autre chose que la transcription de l'acte de donation sur un registre public. Il n'y avait donc pas de différence extérieure entre l'insinuation prescrite pour les donations par les anciennes ordonnances et la transcription prescrite pour tous les actes translatifs de propriété immobilière par la loi de brumaire. Mais les effets attachés à l'accomplissement de ces deux formalités étaient, au contraire, essentiellement divers.

Le défaut d'insinuation rendait la donation nulle, et cette nullité pouvait être opposée par toute personne intéressée, sauf le donataire lui-même

Le défaut de transcription ne portait point atteinte à la validité de l'obligation de transférer la propriété, mais la translation n'était pas accomplie aussi longtemps que la transcription n'avait pas été opérée, de sorte que le défaut de transcription ne pouvait être opposé que par les personnes qui n'étaient pas liées par l'obligation en vertu de laquelle la translation devait être faite.

Dans le troisième projet de Code civil rédigé par Cambacérès, l'insinuation avait été conservée sous le nom de transcription. L'article 568 du projet portait que « la donation doit être transcrite dans le délai de trois mois à compter de de sa date, » et l'article 560, qu'après ce délai, « la donation est nulle, et que ses effets ne peuvent être opposés, ni au donateur, ni à ses héritiers ou créanciers, ni aux tiers acquéreurs des biens donnés [1]. » Ces dispositions aggravaient, comme on le voit, les conséquences du défaut d'insinuation, puisqu'elles rendaient ce défaut opposable par le donateur lui-même, contrairement au principe de l'ordonnance de 1731.

---

[1] Fenet, t. I, p. 262.

— 147 —

Lo projet présenté par la commission du gouvernement
avait rétabli l'insinuation sous son ancienne appellation.
L'article 55 de ce projet disposait que « les donations d'immeubles doivent être rendues publiques par l'insinuation sur
le registre, dans les bureaux et en la forme indiquée par la
loi concernant l'établissement des bureaux d'insinuation.
Jusque-là, ces donations ne peuvent être opposées aux tiers
qui auraient contracté avec le donateur. » D'après l'article 58, « une donation qui n'est pas revêtue des formalités
ci-dessus prescrites est nulle et ne peut valoir comme donation à cause de mort, de quelques formalités qu'elle soit
d'ailleurs revêtue [1]. »

Dans le projet définitif soumis à la discussion du Conseil
d'Etat. c'était, au contraire, la transcription qui avait été appliquée aux donations. L'article 43 du projet était ainsi
conçu :

« Lorsqu'il y aura donation de biens susceptibles d'hypothèque, la transcription des actes contenant la donation
devra être faite aux bureaux des hypothèques dans l'arrondissement desquels les biens sont situés. » Les articles 44
et 45 contenaient les dispositions qui forment actuellement
les articles 940 et 942 du Code Napoléon. L'article 941 de
ce Code, qui détermine les effets du défaut de transcription,
manquait ainsi dans le premier projet [2].

Cette omission fut réparée dans le remaniement qui eut
lieu à la suite de la discussion et le projet, communiqué of-
ficieusement au Tribunat contenait, sous le numéro 51, un
article ainsi conçu :

« Le défaut de transcription pourra être opposé par toutes
personnes ayant intérêt, excepté toutefois le donateur et les
personnes chargées de faire la transcription ou leurs ayants
cause. »

Le Tribunat proposa de changer la rédaction de la fin de

[1] Fenet, t. II, p. 283.
[2] Ibid., t. XII, p. 351.

cet article et de dire : « Excepté, toutefois, le donateur et les personnes chargées de faire la transcription ou les ayants cause de celles-ci. » Ce changement de rédaction avait pour but d'éviter que les ayants cause du donateur fussent compris dans l'exception [1]. Cette proposition fut accueillie, mais la rédaction indiquée par le Tribunat ne fut pas adoptée, et l'article 51, devenu l'article 941 du Code Napoléon, fut conçu en ces termes : « Le défaut de transcription pourra être opposé par toute personne ayant intérêt, excepté toutefois celles qui sont chargées de faire faire la transcription ou leurs ayants cause et le donateur. »

§ 2. — Application des principes consacrés par le Code Napoléon.

59. Le Code Napoléon avait consacré législativement des principes qui, bien que repoussés en partie par la doctrine, étaient néanmoins généralement reçus dans la pratique. J'ai fait voir que la jurisprudence avait depuis longtemps reconnu aux conventions un effet translatif, et que le doute portait seulement sur l'efficacité de la translation à l'égard des tiers. Le Code Napoléon avait, d'une manière indirecte, attribué l'effet translatif aux conventions, en réputant accomplie *ipso jure* l'obligation de transférer la propriété qui naissait de la convention ; mais il avait gardé le silence sur la question de savoir si cet effet translatif était absolu et opposable aux tiers, ou si la translation ne se produisait que relativement aux seules parties contractantes. Cette question avait été précédemment tranchée par la loi de brumaire qui avait subordonné, au moins quant aux tiers, l'effet translatif à l'accomplissement de la transcription. Les articles du

[1] Fenet, t. XII, p. 452.

projet qui maintenaient la disposition de cette loi n'ayant pas été insérés dans le texte soumis au vote du Corps législatif, la loi de brumaire dut être considérée comme virtuellement abrogée, et la transcription comme n'étant désormais plus nécessaire pour rendre absolu et opposable à tous l'effet translatif de la convention.

Des difficultés ne tardèrent cependant pas à être élevées à ce sujet.

Les plus graves se rapportaient à la constitution du régime hypothécaire, dont les bases se trouvaient gravement altérées par l'adoption des nouveaux principes.

La loi de brumaire avait basé tout le régime hypothécaire sur le double principe de la spécialité et de la publicité des hypothèques. Elle avait voulu que le droit réel conféré par l'hypothèque ne s'attachât, en général, qu'à des immeubles spécialement déterminés et ne devînt efficace qu'au moment où il était publiquement révélé par l'inscription sur les registres du conservateur des hypothèques. Cette organisation n'était possible qu'à la condition de soumettre la translation de la propriété à un système de publicité analogue ; car il était, on le conçoit facilement, bien inutile de donner aux créanciers la possibilité de s'assurer du nombre d'hypothèques dont l'immeuble de leur débiteur était grevé, si on ne leur donnait pas avant tout le moyen de s'assurer que la propriété de l'immeuble se trouvait bien entre les mains du débiteur. C'était pour satisfaire à cette condition que la loi de brumaire avait subordonné la translation de la propriété à la transcription de l'acte d'aliénation. La mutation devenait ainsi nécessairement publique, et l'absence de toute mention d'une nouvelle transcription sur les registres prouvait au créancier que celui qui était propriétaire en vertu du dernier acte transcrit n'avait pas, depuis, cessé de l'être. En supprimant la nécessité de la transcription, le Code Napoléon avait profondément troublé l'harmonie de ce système, et la question s'éleva immédiatement de savoir si l'effet translatif du contrat d'aliénation devait être reconnu opposable aux tiers qui auraient acquis des priviléges ou des hypothèques depuis l'aliénation et qui les auraient rendus publics par l'inscription, et notamment en ce qui concerne la vente, si les créanciers de l'ancien propriétaire ne pouvaient pas continuer à faire inscrire valablement leurs hypothèques ou leurs priviléges sur l'immeuble vendu, tant que la vente n'avait pas été portée à leur connaissance.

Le Conseil d'Etat, appelé à donner son avis à ce sujet, décida par voie d'interprétation, le 11 fructidor an XIII, que le Code n'avait entendu maintenir la transcription qu'à titre de formalité préalable à la purge des inscriptions hypothécaires antérieures à la vente, et que toute inscription prise postérieurement à l'aliénation ne pouvait être invoquée contre l'acquéreur alors même que la transcription n'aurait été effectuée qu'après cette inscription.

Cette interprétation attribuait, comme on le voit, à la convention un effet translatif complet et absolu. La seule convention rendait l'acquéreur propriétaire *erga omnes*, sans aucune condition de publicité. Ce principe était fort simple et avait au moins le mérite d'établir une doctrine parfaitement claire et rationnelle. On supprimait ainsi cette anomalie étrange d'une propriété opposable aux uns et non opposable aux autres ; on décidait que, dès que l'acquéreur était devenu propriétaire vis-à-vis du cédant, il l'était, par cela même, devenu également vis-à-vis de tous. Mais cette simplification de la théorie était achetée au prix d'inconvénients graves que la pratique ne tarda pas à révéler. Les aliénations devenant complétement occultes, la propriété devenait, par cela même, incertaine, et, les créanciers n'ayant plus aucun moyen de s'assurer du droit de leur débiteur sur le gage qu'il leur offrait, les bases du crédit hypothécaire se trouvaient par cela même profondément ébranlées.

On chercha à remédier à ces inconvénients en insérant dans le Code de procédure une disposition par laquelle les créanciers hypothécaires, qui n'auraient pas fait inscrire leur hypothèque antérieurement à l'aliénation de l'immeuble grevé, pourraient être admis à inscrire valablement leur hypothèque dans les quinze jours qui suivaient la transcription de l'acte d'aliénation (article 834 du Code de procédure civile). Cette disposition ne modifiait pas en eux-mêmes les principes consacrés par le Code Napoléon. La convention, ayant l'aliénation de l'immeuble pour objet, continuait toujours à faire passer immédiatement la propriété entre les mains de l'acquéreur et à dessaisir de plein droit l'ancien propriétaire. Ce dernier ne pouvait plus, *à partir de l'aliénation*, conférer aucun droit réel sur l'immeuble aliéné.

L'innovation introduite par le Code de procédure consistait donc uniquement dans le délai qui était accordé aux créanciers *dont le droit était antérieur à l'aliénation*, pour manifester ce droit par l'inscription. Le Code de procédure avait fait de la transcription, non point, comme autrefois, le complément nécessaire de l'acte translatif, mais un simple avertissement donné aux créanciers d'avoir à faire apparaître leurs hypothèques. Ainsi, la disposition de l'article 834 ne modifiait pas réellement le principe en vertu duquel la convention était par elle-même translative de propriété et opérait de plein droit le dessaisissement du cédant *erga omnes;* elle n'apportait aucun secours aux créanciers qui, dans l'ignorance de l'aliénation, auraient traité avec le cédant postérieurement à l'époque où il avait cessé d'être propriétaire.

60. L'inconvénient principal subsistait donc. D'un autre côté, on avait fait observer que plusieurs parties du Code Napoléon laissaient clairement apercevoir que le législateur avait eu l'intention évidente de conserver le système de la loi de brumaire et de ne pas donner à la seule convention le pouvoir d'opérer d'une manière absolue et générale le transport de la propriété.

On citait l'article 1140, qui dispose que les effets de l'obligation de livrer un immeuble seront réglés au titre *De la vente* et au titre *Des priviléges et hypothèques*, ce qui semblait démontrer bien clairement que le principe énoncé par l'article 1138 n'avait pas la portée générale que l'on cherchait à lui donner, et qu'il devait être restreint aux rapports existant entre les parties contractantes. L'article 1583 confirmait cette disposition, puisqu'il énonçait formellement que la vente est parfaite *entre les parties* par le seul consentement, et l'on rappelait que le tribun Grenier avait insisté sur la réserve faite ainsi du droit des tiers auxquels la translation de la propriété n'était opposable que lorsqu'elle avait été préalablement rendue publique.

On soutenait même que le principe de l'effet translatif de l'*obligation*, édicté par l'article 1138, n'était pas toujours respecté par le Code lui-même, et l'on citait l'article 1238, suivant lequel, « pour payer valablement, il faut être propriétaire de la chose donnée en payement. » Si le débiteur, disait-on, est encore propriétaire de la chose due, l'obligation où il se trouve d'en transférer la propriété n'est donc point parfaite *ipso jure*, comme le veut l'article 1138.

Enfin, l'on tirait une objection beaucoup plus grave encore des articles 2106 et 2108, relatifs au privilége du vendeur. L'article 2106 dispose que les priviléges ne produisent effet entre les créanciers « qu'autant qu'ils sont rendus publics par inscription, et seulement à compter de la date de cette inscription. » L'article 2108, faisant application de ce principe au privilége du vendeur, énonce que le vendeur conserve son privilége par la transcription de son titre. D'après ces deux articles, le vendeur, ne pouvant prendre rang pour son privilége que du moment où l'acte d'aliénation était transcrit, devait se trouver primé : 1° et dans tous les cas, par les créanciers ayant une hypothèque générale sur les biens de l'acquéreur, puisque cette hypothèque générale prenait rang à partir du moment même de l'acquisition, tandis que le privilége du vendeur ne devenait efficace qu'à dater de l'époque naturellement plus tardive de la transcription; 2° par tous les créanciers de l'acquéreur dont l'inscription serait antérieure à la transcription.

Il fallait, pour éviter ce résultat inadmissible, donner à l'inscription du privilége un effet rétroactif et introduire, par conséquent, une fiction qui n'était pas dans le Code. On en concluait que les deux articles 2106 et 2108 prouvaient que le législateur n'avait pas eu l'intention de donner à la convention un effet translatif absolu, et que la transcription seule parfaisait la translation de la propriété. Dans cette hypothèse, en effet, il était tout naturel de décider que le privilége du vendeur ne prenait naissance qu'à partir de la transcription, puisque la propriété n'était elle-même transférée *erga omnes* qu'à partir de la même époque, et que les créanciers de l'acquéreur ne pouvaient avoir aucun droit sur la chose aliénée avant le moment où cet acquéreur en était saisi.

Ces arguments ne pouvaient cependant suffire à prouver que les rédacteurs du Code Napoléon avaient voulu conserver à la transcription l'effet qu'elle avait sous la loi de brumaire.

L'article 1140 et l'article 1583 prouvent bien que, lorsque ces articles furent rédigés, le législateur était encore incertain sur le système qui serait adopté relativement à la translation de la propriété des immeubles; mais ces articles, qui accusent une lacune dans la loi, ne contiennent aucune disposition d'où le maintien de la transcription puisse être inféré.

Il n'était pas possible non plus de donner à l'article 1238 la portée que l'on avait cherché à lui attribuer. Il est d'abord évident que cet article, copié dans le *Traité des obligations*, de Pothier, ne fait que reproduire un principe du droit romain, et n'est nullement destiné à édicter une disposition relative à la translation du droit de propriété. Son application dans l'espèce serait donc absolument forcée. Mais, en se tenant même strictement à la lettre de cet article, il faudrait encore décider qu'il n'est pas inconciliable avec le principe posé par l'article 1138. Toute obligation de transférer la propriété ne peut pas être réputée parfaite dès le moment où elle prend naissance. Une obligation alternative, par exemple, ou bien une obligation ayant une chose prise *in genere* pour objet, ne peut point être considérée comme accomplie dès qu'elle existe, le droit de propriété ne pouvant évidemment s'appliquer à une chose incertaine. La remise, ou, en d'autres termes, le payement de la chose, transfère alors seulement la propriété, et l'article 1238 peut dire à bon droit que ce payement n'est valable que si le débiteur est propriétaire de la chose donnée en payement. Il en est de même à l'égard d'une chose qui serait *in facultate solutionis*, et l'on voit qu'il existe un grand nombre d'espèces dans lesquelles l'article 1238 peut recevoir son application sans qu'il soit nécessaire de déroger à l'article 1138.

L'objection tirée des articles 2106 et 2108 était plus grave, mais ne pouvait cependant autoriser à conclure au maintien par le Code des principes de la loi de brumaire. L'historique de la discussion prouvait déjà suffisamment que plusieurs des dispositions du Code avaient été conçues en prévision du maintien de la transcription. Il n'est donc pas étonnant que la suppression de la transcription ait occasionné des lacunes, amené des contradictions et rendu inexplicables quelques-uns des articles du Code. Mais ces inconvénients peuvent être constatés sans que l'on puisse s'en autoriser pour corriger l'œuvre des rédacteurs du Code Napoléon, et se substituer à eux pour rétablir arbitrairement une disposition qu'ils ont supprimée de fait, en la passant sous silence. Cette considération avait un caractère d'évidence trop formel pour pouvoir être sérieusement combattue. Aussi, le système d'après lequel la transcription était considérée comme ayant été maintenue ne rallia qu'un très-petit nombre de suffrages et ne fut jamais admis par la jurisprudence. On s'accorde à reconnaître que la suppression de la transcription avait apporté dans l'économie du régime hypothécaire une grave perturbation, mais on reconnut en même temps que les dispositions de la loi de brumaire, faute d'avoir été reproduites dans le Code, avaient par cela même cessé d'être applicables.

L'article 1138 du Code Napoléon fut, en conséquence, regardé comme réglant seul la translation conventionnelle du droit de propriété, et, conformément à la disposition de cet article, il fut admis en principe que la translation résultait du seul fait de l'existence de l'obligation ayant la translation de la propriété pour objet. C'était, en d'autres termes, reconnaître que la convention était translative de propriété. Le principe : *non nudis pactis dominia transferri*, se trouvait ainsi complétement abandonné. Les cas de translation conventionnelle se confondaient en partie avec ceux de *transitus legalis*, puisque la toute-puissance de la loi intervenait pour réputer accomplie l'obligation que les parties avaient contractée l'une envers l'autre.

Ce système avait, à défaut d'autres avantages, le mérite d'introduire une grande simplicité dans la doctrine. Les questions relatives à la naissance et à l'extinction du droit de propriété se résolvaient toutes par les principes relatifs à la naissance et à l'extinction des obligations, et tous les principes afférents aux conventions, en général, devenaient applicables sans contestation à la translation conventionnelle du droit de propriété.

61. Cette théorie dut pourtant admettre une exception au sujet des donations.

L'article 938 du Code Napoléon confirmait bien la doctrine de l'article 1138 en énonçant que la donation dûment acceptée était parfaite par le seul consentement des parties, et que la propriété des objets donnés était transférée au donataire, sans qu'il fût besoin d'autre tradition. Mais l'article 939 avait, de son côté, maintenu la transcription dans le cas de donation de biens susceptibles d'hypothèque. La disposition de l'article 938 ne pouvait donc être admise qu'avec une certaine restriction, et, quant à l'étendue de cette restriction, elle dépendait des effets que l'on attribuerait à la transcription édictée par l'article 939.

Deux opinions se trouvèrent en présence.

D'après l'une, la transcription n'était autre chose que l'insinuation prescrite par les anciennes ordonnances, dont les dispositions devaient continuer à être appliquées relativement aux effets du défaut de transcription.

D'après l'autre opinion, la transcription prescrite par l'article 939 était celle que prescrivait la loi de brumaire, dont les dispositions étaient seules applicables dans ce cas.

Ce que j'ai dit précédemment sur la différence profonde qui existait entre l'insinuation et la transcription suffit pour montrer quel intérêt pratique s'attachait au parti à prendre entre ces deux systèmes. Si les principes relatifs à l'insinuation devaient être appliqués, les héritiers du donateur ne se trouvaient pas compris dans l'exception de l'article 941 ; si c'étaient, au contraire, les principes afférents à la transcription dont il fallait faire usage, les héritiers du donateur étaient évidémment exclus du droit d'invoquer le défaut de transcription, puisque ce défaut laissait subsister l'acte d'aliénation et par conséquent l'obligation du donateur et de ses successeurs à titre universel.

A l'appui de la première opinion on invoquait le texte de l'article 941, qui, après avoir fait exception à l'égard des personnes « *chargées de faire faire la transcription, ou leurs ayants cause,* » ajoutait ensuite : « *et le donateur,* » sans ajouter : *ou ses ayants cause.* On faisait observer que cette rédaction avait été adoptée, sur l'observation du Tribunat, en remplacement de la rédaction primitive ainsi conçue : « *excepté toutefois le donateur et les personnes chargées de faire la transcription ou leurs ayants cause,* » et que ce changement avait eu pour but de ne pas comprendre dans l'exception les héritiers du donateur. On s'appuyait aussi sur l'exposé des motifs fait par M. Bigot-Préameneu, qui avait déclaré que « l'objet de toutes les lois sur l'insinuation serait entièrement rempli en ordonnant que, lorsqu'il y aurait

donation de biens susceptibles d'hypothèque, la transcription des actes contenant la donation devra être faite aux
bureaux des hypothèques dans l'arrondissement desquels
les biens sont situés [1]. »

L'opinion contraire était incontestablement mieux fondée.

Elle avait d'abord pour elle la lettre même de la loi, qui
n'avait pas fait usage du mot d'*insinuation* et l'avait remplacé par le mot de *transcription*. Comme la transcription
et l'insinuation étaient alors toutes deux en vigueur, chacune avec son effet distinct, il est impossible de soutenir
que les rédacteurs du Code Napoléon aient pu les confondre,
et qu'ils aient appliqué la dénomination de *transcription*
à une mesure destinée à produire les effets de l'insinuation.
Cette confusion s'était, il est vrai, produite dans l'un des
projets de Cambacérès [2] ; mais elle avait été corrigée dans
le premier projet de la commission du gouvernement, qui
avait rétabli l'insinuation avec son nom et ses effets [3]. Si le
projet définitif avait, à son tour, substitué la transcription à
l'insinuation, il était donc bien manifeste que ce changement de rédaction avait eu pour but de soustraire les donations au régime de l'ordonnance, pour les soumettre aux
dispositions de la loi de brumaire.

L'objection tirée du texte et de l'historique de la rédaction
de l'article 931 était plus sérieuse ; on la réfutait cependant
en faisant observer que, si l'exception créée par cet article
n'avait pas été étendue aux *ayants cause* du donateur, c'est
que l'expression d'*ayants cause* est générale et comprend
aussi bien les successeurs à titre particulier que les successeurs à titre universel. Or, si le Code eût refusé en thèse
générale aux ayants cause du donateur le droit d'invoquer
le défaut de transcription, il eût enlevé par cela même toute
efficacité à la transcription, puisque cette formalité était

---

[1] Fenet, t. XII, p. 547.
[2] Voyez le n° 57.
[3] *Ibid.*

précisément destinée à protéger les ayants cause à titre particulier du donateur. Ainsi, lorsque le donateur avait, postérieurement à la donation, vendu la chose donnée, l'acheteur devait, suivant le système créé par la loi de brumaire, pouvoir opposer à l'éviction du donataire le défaut de transcription. Cette faculté lui aurait été enlevée, si la loi eût compris généralement dans le nombre des personnes qui ne peuvent se prévaloir du défaut de transcription les ayants cause du donateur.

On réfutait, enfin, l'argument tiré des paroles de M. Bigot-Préameneu dans l'exposé des motifs, en rappelant que, lors de la communication officielle au Tribunat, le rapporteur, M. Jaubert, avait formellement énoncé que « le défaut de transcription pouvait être opposé par toutes personnes ayant intérêt ; qu'il n'y avait d'exceptées que celles chargées de faire faire la transcription, et le donateur, ce qui comprend aussi nécessairement les donateurs postérieurs, les cessionnaires et les *héritiers* du donateur [1]. »

Ce dernier système avait rallié la majeure partie des auteurs et la jurisprudence, et il fut admis, après quelques hésitations, que les prescriptions de la loi de brumaire, exclues à l'égard des aliénations à titre onéreux, avaient été conservées en ce qui concernait les aliénations à titre gratuit.

Une controverse s'éleva cependant sur un point secondaire. Quelques auteurs, dont l'opinion fut consacrée par la jurisprudence, soutinrent que le défaut de transcription ne pouvait pas être opposé par les acquéreurs à titre gratuit, postérieurs à la première donation. Cette opinion n'était guère appuyée que sur des considérations d'équité. On faisait valoir que le bénéfice de l'article 941 ne pouvait appartenir qu'à celui qui luttait *de damno vitando*, c'est-à-dire qu'aux acquéreurs à titre onéreux menacés de perdre leur prix d'acquisition, et qu'il serait inique de tolérer l'éviction

[1] Fenet, t. XII, p. 597.

du premier donataire par un second acquéreur à titre gratuit, pour lequel cette éviction ne serait que la source d'un
bénéfice illégitime.

On invoquait aussi l'article 1072, relatif à la matière des
substitutions, et aux termes duquel les donataires, les légataires et les héritiers légitimes du disposant ne peuvent invoquer le défaut de transcription. Mais cette disposition, étrangère aux donations entre-vifs, pouvait difficilement être
étendue hors du cas pour lequel elle avait été écrite. On était
contraint, pour justifier l'application de l'article 1072 aux donations, d'en dénaturer le sens véritable, et de soutenir que le
législateur avait eu en vue dans cet article, non-seulement la
transcription de la substitution, mais encore la transcription
de la donation. A l'appui de cette interprétation, on faisait
observer que l'article 1072, lorsqu'on en restreignait l'application au seul défaut de transcription de la restitution,
ne présentait pas un sens raisonnable. Il était, disait-on,
bien inutile de prendre soin d'avertir que les donataires, légataires et héritiers du disposant ne pourraient point opposer
aux appelés le défaut de transcription. Ces légataires et donataires n'avaient, en effet, aucun intérêt à contester le
droit des appelés, puisque, même dans le cas où la substitution aurait pu être invalidée, les biens donnés seraient
restés entre les mains du grevé, et n'auraient pas fait retour
aux donataires ou légataires postérieurs du disposant. La
première partie de l'article 1072 serait donc tout à fait
inutile ; et, comme on ne doit pas admettre que la loi parle
pour ne rien dire, on soutenait que cette première partie se
rapportait au défaut de transcription de la donation elle-
même, et que le législateur avait eu l'intention formelle de
disposer que le défaut de transcription de la donation ne
pourrait pas être opposé par les donataires, légataires ou
héritiers du disposant, de même que le défaut de transcription de la substitution ne pourrait pas être opposé aux
appelés par les donataires, légataires et héritiers du grevé.

Cette argumentation fut vivement critiquée, et, en effet,

il était très-difficile d'admettre que le législateur eût agi d'une manière aussi détournée, et qu'il eût caché dans un texte relatif aux substitutions un principe applicable aux donations en général. Mais le vice de l'interprétation donnée dans ce système à l'article 1072 ressort bien plus manifestement encore, si l'on se reporte à l'origine de cet article.

Bourjon nous apprend, en effet, que la question s'était élevée, dans l'ancien droit, de savoir si le grevé était tenu d'observer la substitution, lorsqu'elle n'avait pas été préalablement rendue publique. L'affirmative était généralement adoptée. Cependant Brodeau avait soutenu que, lorsque le grevé était héritier du sang, il n'était pas lié par la substitution non publiée, et qu'il pouvait opposer aux appelés le défaut de publication. Cette controverse avait été tranchée par l'article 34 de l'ordonnance de 1742, aux termes duquel le grevé, *même dans le cas où il serait héritier légitime* du disposant, ne pouvait se prévaloir vis-à-vis des appelés du défaut de publication [1].

L'article 34 de l'ordonnance a été reproduit presque textuellement par l'article 1072 du Code Napoléon. Ce dernier article doit donc se lire de la manière suivante : Le grevé de substitution, qu'il soit donataire, légataire ou même hé-

---

[1] « La substitution par elle-même, et indépendamment de toute publication, dit Bourjon, lie le grevé ; son titre est pour lui indivisible, et la loi n'a pas prétendu l'affranchir d'une charge que son propre titre lui impose, et l'en affranchir par sa négligence ; ce titre milite donc toujours contre lui..... Cela a lieu même contre l'héritier *ab intestat* grevé de substitution..... Brodeau prétend que cela n'a lieu que pour l'héritier institué, et non pour l'héritier *ab intestat*..... Cette opinion de Brodeau ne me paraît pas pouvoir faire impression, parce que tous les principes y résistent..... Ce qui ne peut plus souffrir à présent la moindre difficulté, au moyen de la disposition de l'article 34 du second titre de l'ordonnance concernant les substitutions, qui déclare, non-seulement les successeurs à titre universel de celui qui a fait la substitution, mais même le donataire ou légataire particulier chargé d'un fidéi-commis, non recevables à opposer le défaut de publication et d'enregistrement de la substitution. » *Droit commun,* t. II, p. 160.

ritier légitime du disposant, ni pareillement les donataires, légataires ou héritiers du grevé ne pourront, en aucun cas, opposer aux appelés le défaut de transcription ou inscription.

Ce serait donc interpréter l'article 1072 d'une manière évidemment fausse que de vouloir en rapporter la première partie aux donataires et légataires postérieurs de l'auteur de la substitution, et il faut reconnaître que la disposition de cet article est absolument inapplicable aux donations. L'opinion d'après laquelle les acquéreurs à titre gratuit ne pourraient opposer le défaut de transcription est donc réduite à invoquer de simples considérations d'équité qui ne sont pas évidemment de nature à prévaloir sur les dispositions si claires de l'article 941.

Ces controverses ont, au surplus, perdu aujourd'hui presque tout intérêt, depuis que la transcription a été rétablie par la loi du 25 mars 1855, avec les effets qui lui étaient attribués par la loi de brumaire. Il paraît impossible, dans l'état actuel de notre législation, de vouloir distinguer deux transcriptions, l'une applicable aux aliénations à titre gratuit, l'autre applicable aux aliénations à titre onéreux. Les hésitations qui se sont produites à ce sujet ne tarderont sans doute pas à disparaître et la jurisprudence sera bientôt unanime, ainsi que la doctrine, à reconnaître que les ayants cause à titre gratuit du donateur sont aussi recevables à opposer le défaut de transcription que les ayants cause à titre onéreux.

§ 3. — Rétablissement de la transcription.

Loi du 25 mars 1855.

62. En abrogeant les dispositions de la loi de brumaire, relatives à la transcription, le Code Napoléon avait, ainsi que je l'ai dit tout à l'heure, ébranlé profondément les

bases du crédit foncier. La loi de brumaire avait réalisé un progrès considérable, en remplaçant la publicité imparfaite et souvent illusoire des actes translatifs de l'ancien droit par la publicité aussi sûre que facile de la transcription. Cette loi ne s'était pas, il est vrai, expliquée avec toute la clarté désirable sur les effets de la transcription. Elle laissait indécise la question de savoir si la convention d'aliéner ne produisait la translation que lorsqu'elle était transcrite, ou si, d'après une théorie déjà anciennement formulée, il fallait distinguer à cet égard entre la translation à l'égard des parties contractantes et la translation à l'égard des tiers. Mais cet inconvénient était en définitive plus sensible au point de vue de la théorie qu'à celui de la pratique, et le résultat essentiel, la publicité des aliénations, n'en avait pas moins été atteint.

Le système de la loi de brumaire avait eu, parmi les rédacteurs du Code Napoléon, de nombreux partisans, mais aussi de zélés adversaires. Les efforts de ces derniers finirent, comme je l'ai dit plus haut, par prévaloir, et la transcription fut supprimée, comme complément nécessaire des actes translatifs. L'obligation de transférer la propriété, née du consentement des parties, fut déclarée accomplie de plein droit, c'est-à-dire que la propriété fut considérée comme transférée, du moment où la convention était arrêtée entre les parties. Ce plein effet translatif, donné à une convention dont rien ne révélait extérieurement l'existence, consacrait la clandestinité des aliénations et faisait rétrograder le droit au delà de l'époque où la tradition réelle ou symbolique était exigée pour rendre sensible extérieurement la volonté des parties contractantes [1].

---

[1] La Faculté de Grenoble résumait ainsi son appréciation sur le système adopté par le Code Napoléon pour la translation du droit de propriété : « On s'accorde aujourd'hui généralement à ne pas trouver heureuse l'innovation que le Code a fait subir sur ce point aux dispositions de la loi de brumaire. Dans toutes les législations anciennes, comme dans celles contemporaines, la transmission de la

Les inconvénients de ce système furent de bonne heure signalés, et j'ai déjà fait connaître comment, à l'époque de la rédaction du Code de procédure civile, on avait essayé de remédier en partie aux abus que la pratique n'avait pas tardé à révéler.

63. Lorsqu'en 1844, le gouvernement entreprit la réforme du régime hypothécaire, la question du rétablissement de la transcription fut une de celles qui surgirent les premières et qui furent officiellement posées aux Cours et Facultés dans l'enquête qui eut lieu à cette époque. La réponse fut significative. La presque unanimité des Cours et des Facultés se prononça en faveur du rétablissement de la transcription. Les deux Cours de Toulouse et de Bordeaux se prononcèrent seules ouvertement pour le maintien du système consacré par le Code Napoléon. Ces deux Cours n'apportèrent d'ailleurs aucun argument nouveau à l'appui de leur opinion. Elles ne firent que reproduire ou amplifier les considérations philosophiques qui avaient, quarante années auparavant, déterminé les rédacteurs du Code. « C'est le caractère essentiel du droit nouveau, disait la Cour de Toulouse, de faire prévaloir la volonté des parties sur les exigences ou les subtilités des formes, de rechercher, avant tout, le consentement pour ériger les conventions

----

propriété du sol a toujours été considérée comme un fait public et que la société devait connaître et sanctionner ; les considérations les plus hautes et les plus diverses se réunissent pour qu'il en soit ainsi. Si les formes anciennes de la prise de possession ou les symboles qui les avaient remplacées n'étaient plus en harmonie avec nos mœurs actuelles, la loi de brumaire avait fait ce qui était convenable en exigeant la transcription de l'acte dans un registre public. Le Code, qui a voulu aller plus loin, en se contentant du seul consentement des parties, sans aucune manifestation qui donnât à ce consentement de la publicité, est allé trop loin et il a manqué le but ; aussi voyons-nous que son influence à l'étranger, qui a été si grande sur tant de points, a ici complétement échoué. Aucun peuple n'a voulu le suivre dans cette voie. » Documents pour la réforme hypothécaire. Enquête de 1844, t. I, p. 430.

en loi, sans les assujettir à des conditions intrinsèques ou à des manifestations matérielles [1]. » On peut, au surplus, se demander si cette Cour avait bien saisi la portée du rétablissement de la transcription, quand on l'entend, quelques instants après, manifester la crainte de voir « subordonner à la transcription la validité des *contrats de vente* [2]. » La Cour de Bordeaux suivait la même doctrine, en énonçant « qu'il ne fallait pas espérer de concilier le principe philosophique de l'article 711 avec la transcription, et qu'il fallait, ou bien revenir au système de la tradition, *comme élément de la vente*, ou bien maintenir dans son intégrité l'idée si progressive qui a marqué notre Code civil de son empreinte [3]. »

Ces raisons n'étaient pas, comme on le voit, destinées à produire une forte impression, et l'enquête avait montré que, dans l'esprit de tous les jurisconsultes, dans l'opinion de la jurisprudence comme dans celle de la doctrine, le système du Code Napoléon était manifestement condamné.

En proposant de rétablir la transcription, les Cours et les Facultés avaient naturellement indiqué l'effet qu'elles pensaient devoir lui être attribué.

L'opinion générale se prononça en faveur du système d'après lequel la transcription avait pour effet de rendre opposable *erga omnes* la translation de la propriété parfaite *entre les parties* par le fait seul de leur consentement.

Les conséquences bizarres auxquelles ce système conduisait avaient pourtant fixé l'attention de deux Facultés, qui avaient examiné s'il ne conviendrait pas, en rétablissant la transcription, de supprimer les dispositions du Code Napoléon, relatives à l'effet translatif de la convention. L'affir-

[1] Doc. pour la réf. hyp., I, p. 103.
[2] *Ibid.*
[3] *Ibid.*, p. 201.

mative avait été adoptée par la moitié des membres de la Faculté de Rennes et par la Faculté de Grenoble.

« Il faut bien remarquer, disait cette dernière Faculté, que, si la propriété ne devait plus être transmise vis-à-vis des tiers qu'à partir de la transcription, il résulterait encore de plusieurs dispositions du Code, et notamment des articles 711, 930 et 1138, que la propriété n'en serait toujours pas moins transmise entre les parties......... Ceci peut amener des complications fâcheuses : il vaut mieux rentrer dans les principes du droit romain et distinguer nettement le droit de propriété et le droit de créance, le *jus in re* et le *jus ad rem*. Celui qui a fait une vente est obligé sans doute ; il doit la chose vendue, mais il n'est point encore dessaisi de la propriété ; il ne le sera que lorsque cette vente aura été transcrite. Il ne faut point distinguer entre l'acquéreur et les tiers : certainement, si le vendeur profitait de cette position pour vendre à un autre qui acquerrait de bonne foi, il devrait des dommages-intérêts ; s'il refusait de suivre son marché, et, s'il était actionné avant d'avoir vendu à un autre, il pourrait être condamné à vider les lieux par un jugement qui tiendrait, au besoin, lieu de titre et pourrait être présenté à la transcription ; mais, pour la règle, il n'y aurait jamais pour la transmission effective de la propriété qu'un point à considérer, la transcription : avant, la propriété ne serait pas transmise ; après, elle le serait [1]. »

En résumé, l'enquête de 1844 avait prouvé que les jurisconsultes étaient presque unanimes à demander le rétablissement de la transcription. Le système du Code Napoléon n'avait trouvé qu'un petit nombre de partisans qui n'avaient appuyé leur opinion sur aucun argument capable de produire une impression sérieuse. La majorité des Cours et des Facultés avaient proposé de modifier ce système, sans le détruire entièrement, en laissant à la convention son

---

[1] Documents pour la réforme hyp., t. I, p. 431.

effet translatif entre les parties, mais en exigeant la transcription, pour que la translation devînt opposable *erga omnes*. Enfin, deux Facultés avaient proposé d'aller plus loin, et de donner à la transcription seule l'effet translatif.

64. La réforme, en vue de laquelle l'enquête de 1844 avait eu lieu, ne fut pas effectuée. Les études furent reprises en 1850. Un projet, contenant une refonte complète du régime hypothécaire, fut soumis aux délibérations de l'Assemblée législative. Les événements politiques vinrent encore empêcher qu'il fût donné suite à ce projet.

L'établissement des institutions de crédit foncier ayant depuis fait paraître plus nécessaire encore la révision de notre régime hypothécaire, la question du rétablissement de la transcription fut de nouveau soulevée et enfin résolue par loi du 25 mars 1855.

Cette loi, qui a modifié plusieurs points du régime hypothécaire, a eu pour objet principal le rétablissement de la transcription. Je n'ai ici à m'occuper que de celles de ses dispositions qui sont relatives à l'effet de la transcription sur la translation de la propriété. Ces dispositions sont les suivantes :

« ARTICLE 1er. — Sont transcrits au bureau des hypothèques de la situation des biens :

« 1° Tout acte entre-vifs translatif de propriété immobilière ou de droits réels susceptibles d'hypothèque ;

« 2° Tout acte portant renonciation à ces mêmes droits;

« 3° Tout jugement qui déclare l'existence d'une convention verbale de la nature ci-dessus exprimée ;

« 4° Tout jugement d'adjudication autre que celui rendu sur licitation au profit d'un cohéritier ou d'un copartageant.

« ART. 3. — Jusqu'à la transcription, les droits résultant des actes et jugements énoncés aux articles précédents ne peuvent être opposés aux tiers qui ont des droits sur l'immeuble, et qui les ont conservés en se conformant aux lois.

« Art. 4.—Tout jugement prononçant la résolution, nullité ou rescision d'un acte transcrit doit, dans le mois, à dater du jour où il a acquis l'autorité de la chose jugée, être mentionné en marge de la transcription faite sur le registre.

« L'avoué qui a obtenu ce jugement est tenu, sous peine de 100 francs d'amende, de faire opérer cette mention en remettant un bordereau rédigé et signé par lui au conservateur, qui lui en donne récépissé.

« Art. 6.— A partir de la transcription, les créanciers privilégiés ou ayant hypothèque, aux termes des articles 2123, 2127 et 2128 du Code Napoléon, ne peuvent prendre utilement inscription sur le précédent propriétaire.

« Néanmoins le vendeur ou le copartageant peuvent utilement inscrire les priviléges à eux conférés par les articles 2108 et 2109 du Code Napoléon dans les quarante-cinq jours de l'acte de vente ou de partage, nonobstant toute transcription d'actes faits dans ce délai.

« Les articles 834 et 835 du Code de procédure civile sont abrogés. »

Avant de passer à l'examen des effets que ces dispositions attribuent à la transcription relativement à la translation du droit de propriété, je dois m'arrêter sur l'énumération faite par la loi des actes soumis à la transcription.

Ces actes sont d'abord les actes entre-vifs translatifs de propriété. Lorsqu'un acte de cette nature résulte d'une simple convention verbale dont l'existence est déclarée par un jugement, la loi dispose que ce jugement doit être lui-même transcrit. Cette disposition ne peut donner matière à aucune difficulté.

Il est, au contraire, assez difficile de décider quelle est, au juste, la portée de cette partie de l'article qui assujettit à la transcription les actes portant renonciation au droit de propriété.

De deux choses l'une, en effet : ou bien la renonciation porte sur un droit auquel on ne faisait que prétendre ; ou bien elle porte, au contraire, sur un droit acquis et certain. Dans le premier cas, la transcription est sans objet, puisqu'il n'y a aucun déplacement de propriété; dans le second cas, il était inutile de spécifier que l'acte de renonciation doit être transcrit, puisqu'il rentre dans la catégorie des actes translatifs ordinaires dont s'occupe le premier paragraphe de l'article. Quoi qu'il en soit, on s'accorde assez généralement à reconnaître que cette disposition de la loi ne s'applique qu'aux actes de renonciation de cette dernière espèce. On comprend ordinairement au nombre de ces actes la renonciation de l'héritier et celle de la femme mariée sous le régime de la communauté. Il est pourtant fort contestable que ces deux renonciations doivent être considérées comme opérant un véritable déplacement de la propriété. En effet, aux termes de l'article 785 du Code Napoléon, l'héritier qui renonce est censé ne jamais avoir été héritier. La même fiction semble devoir être admise quand il s'agit de la renonciation à la communauté de la femme ou de ses héritiers. Si l'héritier et la femme commune sont, par une fiction de la loi, réputés ne jamais avoir eu la propriété des biens auxquels ils renoncent, comment leur renonciation peut-elle être considérée comme translative de propriété? On répond, il est vrai, que la fiction dont il s'agit ne peut être précisément invoquée que par ceux qui ont obéi à la nouvelle loi en faisant transcrire leur renonciation, mais il est peu probable que la loi de 1855 ait eu l'intention de toucher à l'un des points de la matière des successions, et de modifier aussi gravement les conditions dans lesquelles s'exerce la faculté de renoncer.

Le quatrième paragraphe de l'article 1er de la loi de 1855, soumet à la formalité de la transcription tout jugement d'adjudication autre que celui rendu sur licitation au profit d'un cohéritier ou d'un copartageant. Dans ce dernier cas, en effet, le jugement est simplement déclaratif de propriété. Dans le premier cas, il n'est pas, à proprement parler, translatif de propriété, mais il consacre une translation opérée par le fait de l'enchère. Ce jugement rentre alors dans la catégorie de ceux qui déclarent l'existence d'un acte verbal par lequel la translation a été opérée.

Je pense qu'il est conforme à l'esprit de la nouvelle loi de comprendre au nombre des jugements qui doivent être soumis à la transcription les jugements qui terminent une instance en cantonnement introduite par le propriétaire contre l'usager, aux termes de l'article 63 du Code forestier. Un pareil jugement est, en effet, attributif de propriété en faveur de l'usager. Il opère le dessaisissement du propriétaire et rentre essentiellement dans la catégorie des actes translatifs de propriété.

L'article 4 de la loi de 1855 ordonne la *mention*, en marge de la transcription, des jugements prononçant la résolution, la nullité ou la rescision d'un acte transcrit. Ces jugements doivent être simplement mentionnés et non transcrits, car ils ne sont point translatifs de propriété et ne font qu'anéantir ou déclarer inexistant l'acte d'aliénation précédemment transcrit. Il y a une différence considérable entre cette mention prescrite par l'article 4 et la transcription prescrite par l'article 1er. Le défaut de mention des jugements dont il s'agit ne leur enlève point leur effet à l'égard des tiers, mais rend simplement passible d'une amende l'officier ministériel qui a négligé de faire opérer la mention en marge des registres de transcription. Il faut, toutefois, bien observer qu'il n'en est ainsi que lorsque la résolution ou la rescision procède *ex antiqua causa*, c'est-à-dire d'un vice ou d'une clause de l'acte même d'aliénation ; car, si la résolution prononcée par le jugement avait pour cause un acte postérieur à l'aliénation, cet acte serait véritablement translatif de propriété, et le jugement contenant la déclaration d'existence d'un semblable acte rentrerait dans la catégorie de ceux soumis à la transcription, en vertu du paragraphe 3 de l'article 1er.

65. J'arrive maintenant à l'examen de la question relative aux effets de la transcription.

Je dois rappeler ici qu'en traitant de la loi de brumaire j'ai indiqué le doute qui pouvait naître au sujet des effets que cette loi avait entendu attribuer à la transcription. J'ai fait voir que certaines expressions des travaux préparatoires à cette loi pouvaient autoriser à penser que ses auteurs avaient eu l'intention de reproduire le système suivi dans les pays de nantissement et d'après lequel la transcription était le complément obligé de l'acte translatif. Mais j'ai ajouté, en même temps, que d'autres passages des discours des rapporteurs de la loi de brumaire et la doctrine généralement adoptée depuis la promulgation de cette loi semblaient devoir faire prévaloir un autre système enseigné déjà par plusieurs de nos anciens auteurs, et d'après lequel la transcription est seulement destinée à rendre opposable *aux tiers* la translation de la propriété opérée *entre les parties* par l'effet du simple consentement.

Quel est celui de ces deux systèmes qui a été consacré par la loi de 1855 ?

L'article 3 de cette loi, qui définit les effets de la transcription, ne donne pas une réponse bien catégorique à cette question. Aux termes de cet article, les actes translatifs ne peuvent pas, avant d'avoir été transcrits, être opposés aux tiers qui ont des droits sur l'immeuble et qui les ont conservés en se conformant aux lois. On peut se demander si les tiers sont ici opposés aux parties contractantes, et si l'acte translatif non transcrit et, par conséquent, non opposable aux tiers, est cependant parfait entre les parties, ou bien si, au contraire, l'acte non transcrit n'est pas opposable aux tiers, parce qu'il ne peut encore produire absolument aucun effet translatif. La première explication serait déjà par elle-même la plus probable, parce qu'il serait peu concevable que la loi eût employé pour s'expliquer une forme aussi détournée, et qu'elle eût énoncé que l'acte non transcrit n'était pas opposable *aux tiers*, alors qu'elle aurait voulu dire que cet acte n'était opposable à personne. Mais, à part cette induction, tirée des termes mêmes de la loi, il suffit de se reporter aux rapports et à la discussion qui en ont précédé la promulgation pour se convaincre que tous ses auteurs étaient également pénétrés de cette idée, que la transcription était une simple formalité destinée à rendre les aliénations opposables aux tiers, c'est-à-dire à rendre parfaite *erga omnes* la translation de propriété consommée entre les parties par le seul effet du consentement.

On sait que ce système était déjà appliqué aux donations et qu'il résultait clairement de la combinaison des deux articles 938 et 941 du Code Napoléon. Les auteurs de ce Code avaient encore ailleurs manifesté l'intention de consacrer la même doctrine, alors qu'incertains sur le maintien ou l'abolition de la transcription ils avaient cependant édicté provisoirement, dans l'article 1583, que la vente est parfaite *entre les parties* par le seul consentement, et que la propriété est acquise de droit à l'acheteur à l'égard du vendeur.

La même idée avait été suivie par la grande majorité des Cours et des Facultés lors de l'enquête en 1844; enfin, elle se retrouve à chaque pas dans les travaux préparatoires de la loi de 1855. Aussi est-il généralement reconnu que la transcription n'est point nécessaire pour opérer la translation du droit de propriété entre les parties, mais qu'elle est simplement requise pour rendre l'acte translatif opposable aux tiers. En d'autres termes, on admet que le simple consentement rend l'aliénation parfaite entre les parties, conformément aux termes de l'article 1138 du Code Napoléon, mais que la transcription seule rend cette aliénation parfaite *erga omnes*.

C'est à l'aide de cette distinction entre les tiers et les parties que l'on résout les difficultés qui se présentent lorsqu'il s'agit de préciser le moment où s'opère la translation de la propriété.

Je prendrai ici quelques exemples.

Je supposerai d'abord qu'il s'agisse d'une aliénation opérée au profit d'une personne dont les biens sont grevés d'une hypothèque générale. On sait que, dans ce cas, l'application de l'article 2108 combiné avec l'article 2106 conduirait, d'après le principe en vertu duquel la propriété est transférée par l'effet du seul consentement, à nier la possibilité pour le vendeur de conserver son privilége, qui se trouverait toujours primé par l'hypothèque générale des créanciers. Cette hypothèque naîtrait, en effet, au moment de l'aliénation, c'est-à-dire au moment où la convention d'aliéner est formée, tandis que le privilége ne naîtrait qu'au moment où l'acte constatant cette convention vient à être transcrit. On écarte actuellement cette difficulté en faisant observer que, si l'aliénation est parfaite *entre le vendeur et l'acheteur* au moment où la vente est conclue, elle n'est parfaite, *vis-à-vis des tiers*, qu'au moment de la transcription, et que par conséquent les tiers, ayant hypothèque générale sur les biens de l'acquéreur, ne peuvent se prévaloir de l'aliénation qu'au moment même où le privilége du vendeur naît par l'effet de la transcription.

Je suppose maintenant qu'une personne vende successivement le même bien à deux acquéreurs, Primus et Secundus ; que Primus revende ensuite ce bien à Tertius, et que Tertius fasse transcrire son contrat avant que Primus et Secundus aient fait transcrire le leur. On peut se demander si Secundus pourra évincer Tertius en faisant transcrire à son tour. La négative n'est pas douteuse, en suivant la doctrine généralement adoptée. Primus, quoiqu'il n'ait pas fait transcrire, est propriétaire, au moins *vis-à-vis du vendeur primitif*. Il a donc un droit de propriété qu'il a pu transmettre à Tertius. Celui-ci repoussera Secundus en s'appuyant sur l'article 3 de la loi de 1855 qui déclare que les droits résultant d'actes non transcrits ne peuvent être opposés aux tiers qui ont conservé les leurs en se conformant aux lois.

On résout de la même manière les difficultés qui se présentent sur la question de savoir au bout de combien de temps le défaut de transcription se couvre par la prescription. L'acquéreur qui n'a pas fait transcrire est, *vis-à-vis des tiers*, non point un propriétaire, mais un simple possesseur qui prescrit la propriété contre tous ceux auxquels le cédant pouvait l'avoir aliénée de nouveau. Ici se présente, il est vrai, une seconde question. Celui qui possède en vertu d'un titre non transcrit, prescrira-t-il par dix et vingt ans, ou par trente ans seulement? Ceux qui n'admettent que la prescription trentenaire soutiennent que le titre non transcrit n'est pas un *juste titre*. Je pense, au contraire, que l'acte d'aliénation non transcrit doit être considéré comme un juste titre. Pour qu'un titre soit suffisant pour conduire à la prescription, il faut, en effet, qu'il soit translatif de propriété et qu'il ne soit pas affecté d'une nullité résultant d'une contravention aux dispositions de la loi. Or, l'acte de vente, par exemple, non transcrit, est évidemment translatif de propriété, puisqu'il opère la translation, au moins entre les parties contractantes. Le défaut de transcription ne le vicie pas d'ailleurs, puisque la transcription n'est exigée impérativement par aucune disposition légale.

On voit que la théorie d'après laquelle l'effet de la transcription est de rendre la translation de la propriété opposable aux tiers donne des solutions très-simples des différentes questions que peut faire naître la détermination du moment où s'opère le déplacement de la propriété.

Cette théorie est loin, cependant, d'être pleinement satisfaisante. Elle force, en effet, à admettre cette idée, si bizarre et si contraire aux principes, d'un droit de propriété opposable à une personne et non opposable à une autre. Si la simple convention transfère la propriété, l'acquéreur qui ne fait point transcrire son titre devient cependant propriétaire, et alors comment expliquer que le cédant ne se trouve point dessaisi, et qu'il puisse transférer valablement la propriété de l'immeuble à un second acquéreur ? On est nécessairement conduit à admettre ainsi, que le cédant et le premier acquéreur sont tous deux propriétaires en même temps; résultat inconciliable avec la nature du droit de propriété : *duorum in solidum dominium esse non posse. L. 5, § 15,*

D. *Commod. vel contra* (13.6). La loi semble s'être mise ici en contradiction avec les principes fondamentaux du droit.

66. Pour justifier la loi de ce reproche, on a essayé de prouver qu'elle ne consacre point la théorie généralement adoptée.

Deux systèmes ont été proposés.

Dans le premier, on soutient que la convention transfère la propriété d'une manière absolue, aussi bien à l'égard des parties qu'à l'égard des tiers ; seulement, l'acquéreur qui néglige de faire transcrire commet une faute dont la loi le punit, non-seulement en le privant du droit de revendiquer contre un second acquéreur qui a fait transcrire, mais aussi en lui retirant la faculté de s'opposer à la revendica-tion du second acquéreur.

On objecte contre ce système qu'il conduirait à admettre que l'exercice de l'action réelle pourrait être séparé de la qualité de propriétaire, de sorte que le véritable propriétaire (le premier acquéreur) ne pourrait pas revendiquer, tandis que celui qui n'aurait en réalité aucun droit de propriété sur l'immeuble (le second acquéreur) pourrait exercer cependant l'action en revendication. Cette objection n'a rien de concluant. Et d'abord, il n'est pas impossible que le pro-priétaire soit privé de l'action en revendication. En droit romain, notamment, il arrivait fréquemment que le pro-priétaire fût mis dans l'impossibilité de se servir de l'action *in rem*. Il en était ainsi dans tous les cas où cette action était paralysée par une exception. Réciproquement, celui qui n'est pas propriétaire peut avoir l'action réelle. Ainsi, le droit romain donnait, dans certains cas, l'action *in rem* à celui qui n'était pas véritablement propriétaire. Il n'y a donc rien de contraire aux principes dans cette séparation signalée entre la qualité de propriétaire et l'exercice de l'action réelle.

Mais, abstraction faite de cette objection, il existe d'au-tres raisons qui semblent s'opposer à l'admission du système en question.

On peut d'abord observer que le second acquéreur qui, en vertu de son titre transcrit, évincerait le premier acquéreur, aurait une position juridique bien singulière. Sans être propriétaire, il agirait cependant comme tel à l'égard de tous, et le véritable propriétaire, le premier acquéreur évincé, n'aurait de la propriété que le titre, sans pouvoir en exercer un seul attribut.

Mais il y a plus. On conçoit bien que la loi puisse punir l'acquéreur négligent, mais elle ne peut évidemment faire retomber les conséquences de sa faute sur les tiers qui y sont étrangers. Si donc le consentement transfère la propriété *ipso jure*, ceux qui ont une hypothèque générale sur les biens de l'acquéreur, par exemple, acquièrent, à partir du moment où la convention est formée, un droit réel sur l'immeuble acquis. Le défaut de transcription ne leur est pas imputable et ne saurait dès lors leur être opposé. Il en serait de même à l'égard de tous ceux qui feraient inscrire, avant la transcription par le second acquéreur, des hypothèques ou autres droits réels émanant du chef du premier acquéreur sur la chose cédée. Or, il est cependant évident, aux termes mêmes de la loi, que les ayants cause de l'acquéreur n'obtiennent de droit sur l'immeuble acquis qu'à partir de la transcription opérée par leur débiteur, de sorte que les inscriptions prises par ces ayants cause avant cette transcription ne sont opposables ni aux créanciers du cédant, ni aux acquéreurs postérieurs qui auraient fait transcrire avant le premier acquéreur. Il est donc impossible de soutenir que la translation de la propriété est opérée d'une manière absolue par la seule convention, et que le défaut de transcription ne constitue qu'une simple faute, sans influence, au fond, sur la perfection de l'aliénation elle-même.

Le second système admet l'idée absolument inverse à celle qui sert de base au premier. On y soutient que la transcription est le complément indispensable de l'acte translatif, de sorte que la convention seule ne produit que l'obligation de livrer, et que c'est la transcription qui produit la translation de la propriété. Ce système reproduit, comme on le voit, celui des coutumes des pays de nantissement, qui assimilaient la transcription à la tradition du droit romain et lui prêtaient les mêmes effets.

J'ai déjà fait observer que ce système était en lui-même le plus rationnel et le plus logique; qu'il avait l'avantage de rendre la théorie de la translation de la propriété parfaitement simple et conséquente dans toutes ses parties, tout en sauvegardant les intérêts de la publicité. Mais il reste à examiner, non pas s'il a été adopté par les auteurs de la loi de 1855, la négative est manifeste, mais s'il est conciliable, soit avec les principes consacrés par le Code Napoléon, soit avec le texte même de la loi de 1855.

Bien que le Code Napoléon paraisse avoir attribué très-nettement à la convention l'effet translatif, au moins entre les parties, on pourrait peut-être cependant concilier la disposition de l'article 1138 avec le système d'après lequel la transcription serait regardée comme nécessaire à la perfection de l'aliénation. On ne peut, en effet, se refuser à reconnaître que les rédacteurs du Code, en insérant la disposition de l'article 1138, n'aient été surtout préoccupés du dessein de déroger au principe du droit romain d'après lequel la convention ne donnait à l'acquéreur qu'une simple action personnelle contre le cédant. On sait que notre ancienne jurisprudence n'avait jamais admis ce principe et avait toujours donné à l'acquéreur la faculté de revendiquer la chose vendue contre le cédant. Les rédacteurs du Code Napoléon avaient voulu que l'exécution réelle du contrat ne dépendît pas seulement de la bonne foi ou de la bonne volonté du cédant, et ils avaient, dans ce but, déclaré l'aliénation parfaite par le seul consentement. C'est ainsi que Portalis expliquait la disposition de l'article 1583.

« Distinguons, disait-il, le contrat en lui-même d'avec son exécution. Le contrat en lui-même est formé par la volonté des contractants. L'exécution suppose le contrat, mais elle n'est pas le contrat même. On est libre de prendre un engagement ou de ne pas le prendre ; mais on n'est pas libre de l'exécuter ou de ne pas l'exécuter, quand on l'a pris. Le premier devoir de toute personne qui s'engage est d'observer les pactes qu'elle a consentis et d'être fidèle à la foi promise.

« Dans la vente, la délivrance de la chose vendue et le payement du prix sont des actes qui viennent en exécution du contrat, qui en sont une conséquence nécessaire, qui en dérivent comme l'effet dérive de la cause, et qui ne doivent pas être confondus avec le contrat. L'engagement est consommé dès que la foi est donnée. Il serait absurde que l'on fût autorisé à éluder ses obligations en ne les exécutant pas.

« Le système du droit français est donc plus raisonnable que celui du droit romain ; il a sa base dans les rapports de moralité qui doivent exister entre les hommes[1]. »

On serait peut-être fondé à conclure de ces paroles qu'on déclarant l'obligation de livrer parfaite *par le seul consentement* (art. 1138), et la vente parfaite *dès qu'on est convenu de la chose et du prix* (art. 1583), les rédacteurs du Code ont voulu simplement munir de l'action réelle celui au profit duquel l'obligation de transférer la propriété a été contractée. On pourra objecter que donner à l'acquéreur l'exercice de l'action réelle, c'est lui donner indirectement la propriété elle-même. La réponse à cette objection a déjà été précédemment faite. J'ai fait voir qu'il n'y avait rien d'impossible dans la séparation du droit de propriété et de l'exercice de l'action réelle, et que par conséquent rien ne s'opposait à ce que l'acquéreur fût admis à revendiquer sans que pourtant il fût reconnu propriétaire. En suivant cette idée, il serait extrêmement facile de se rendre compte de l'effet relatif donné à la convention par les articles 1138 et 1583. L'exercice de l'action réelle est, en effet, une chose manifestement relative en elle-même. On peut avoir le droit de revendiquer contre

1 Fenet, t. XIV, p. 112.

telle personne, et ne pas l'avoir contre telle autre. Il serait donc facile de comprendre que l'acquéreur pût revendiquer contre son cédant, tandis que la revendication lui serait interdite contre les tiers qui n'ont pas contracté avec lui.

Cette explication permettrait de construire une théorie de la translation de la propriété assurément fort subtile, mais conforme cependant aux principes fondamentaux du droit. La convention obligerait le cédant à transférer la propriété et donnerait à l'acquéreur le droit de revendiquer la chose livrée contre le cédant. La transcription seule transférerait la propriété du cédant à l'acquéreur.

Mais je crois qu'il faut reconnaître que les termes de la loi de 1855 s'opposent à l'admission de cette théorie, car cette loi semble regarder la propriété comme pouvant être réellement transférée indépendamment de toute transcription. L'article 0 dispose, en effet, que le vendeur peut inscrire son privilége dans les quarante-cinq jours de l'acte de vente, nonobstant toute transcription faite dans ce délai. Il faut donc admettre *a contrario* que le vendeur ne pourrait plus utilement inscrire son privilége, c'est-à-dire transcrire, après l'expiration du délai de quarante-cinq jours, s'il était survenu une revente transcrite avant ce terme. Cette revente rendrait alors le sous-acquéreur définitivement propriétaire, ce qui force à conclure que l'acquéreur avait lui-même la propriété, bien que son contrat n'eût pas été transcrit. La transcription n'est donc pas, aux termes de la loi de 1855, une condition indispensable de la perfection de l'acte translatif.

On voit ainsi que les deux systèmes imaginés pour éluder l'obligation d'admettre l'idée de la transmission relative de la propriété doivent être tous les deux rejetés et qu'il faut reconnaître que, d'après notre législation actuelle, la convention transfère la propriété entre les parties seulement et devient opposable à tous par l'effet de la transcription.

Mais, comme la loi est impuissante à modifier les principes du droit, il faut reconnaître, en même temps, que ce système ne permet plus de conserver de la propriété l'idée anciennement admise. La propriété ne peut plus être définie le droit de disposer absolument d'une chose, car on arriverait à ce résultat absurde d'un droit absolu qui pourrait n'être transféré que d'une manière purement relative. La propriété semble n'être plus, d'après notre droit actuel, que le droit de revendiquer une chose. Ce droit de revendiquer, qui théoriquement n'est que l'accessoire du droit de propriété, en est devenu l'élément dominant et a fini par altérer l'idée primitive du droit lui-même. L'action en revendication étant une chose essentiellement relative, le droit de propriété a été regardé comme étant aussi relatif.

Tel est le dernier résultat de cette modification survenue graduellement dans la nature des actes translatifs. La prise de possession physique, qui était le mode d'acquisition le plus en harmonie avec l'idée presque matérielle que les Romains avaient de la propriété, a été remplacée par un acte symbolique, puis finalement par la simple convention. Le droit de propriété s'est alors trouvé rapproché du droit d'obligation et a été soumis aux principes originairement applicables à ce dernier droit seul. La théorie actuellement admise à l'égard de la translation du droit de propriété ne saurait être utilement critiquée, puisqu'elle est consacrée par la loi et qu'elle satisfait d'ailleurs aux exigences de la pratique; mais elle doit, au moins, être soigneusement rapprochée des principes, de manière à laisser aporcevoir jusqu'à quel point elle s'en sépare.

POSITIONS.

DROIT ROMAIN.

I. Les actes du droit civil pouvaient seuls originairement transférer la propriété quiritaire. Les acquisitions
par les actes du droit des gens ne devenaient parfaites
que par l'usucapion.

II. La mancipation qui fut établie postérieurement à
la cession *in jure* était exclusivement applicable à une
certaine catégorie d'objets (*res mancipi*) et n'a pu servir
à l'acquisition des choses *nec mancipi*, même à l'époque
où la tradition faisait acquérir la propriété quiritaire de
ces dernières.

III. La restitution des fruits produits par une chose
aliénée, sous condition résolutoire, peut être poursuivie
aussi bien à l'aide de l'action réelle que de l'action personnelle.

IV. Dans le cas de société *totorum bonorum*, la propriété des biens appartenant à chaque associé est rendue
commune aux autres associés, par l'effet d'un constitut
possessoire.

V. Les donations à cause de mort ne transféraient pas
la propriété *ipso jure*, même sous Justinien.

VI. Dans l'action en revendication, toutes les causes
d'acquisition sont nécessairement soumises au juge. En
conséquence, l'exception *rei judicatæ* est opposable à

toute nouvelle demande qui n'est pas basée sur une cause postérieure d'acquisition.

VII. Dans les ventes faites sans écrit, le dédit n'est jamais possible, même sous la législation de Justinien et dans le cas où il y aurait des arrhes données.

DROIT FRANÇAIS.

VIII. La transcription des donations exigée par l'article 939 du Code Napoléon a été régie par les principes de la loi du 11 brumaire an VII jusqu'à la loi du 23 mars 1855, et se trouve actuellement soumise aux principes qui régissent la transcription des actes à titre onéreux.

IX. L'article 1072 du Code Napoléon doit être interprété historiquement et se lire ainsi :

« Les personnes grevées de substitution, même dans le cas où elles sont au nombre des héritiers légitimes de celui qui aura fait la disposition, ni pareillement les donataires, légataires ou héritiers de ces personnes, ne peuvent, etc. » (Le reste comme dans le Code.)

X. Ce n'est point par suite d'une erreur de rédaction que les auteurs du Code Napoléon ont énoncé que l'*obligation* de livrer rend propriétaire celui au profit duquel elle existe.

XI. Celui qui possède en vertu d'un titre transcrit peut valablement opposer ce titre aux tiers, lors même que son auteur aurait été propriétaire en vertu d'un titre non transcrit.

XII. Le défaut de transcription se couvre par une possession de dix ou de vingt ans.

XIII. En cas de faillite du débiteur, l'inscription du privilége du vendeur peut être utilement faite, même après les quarante-cinq jours de la vente.

XIV. En cas d'inexistence de la créance cédée, le cédant doit restituer le montant de la créance ou le dividende que le cessionnaire en aurait retiré.

XV. L'étendue du privilége du copartageant est déterminée par la valeur de sa part dans le prix d'adjudication de l'immeuble colicité. La diminution survenue dans ce prix, par suite d'une seconde adjudication sur la folle enchère de l'un des cohéritiers, doit donc préjudicier exclusivement à la collocation du fol enchérisseur.

HISTOIRE DU DROIT FRANÇAIS.

XVI. La confusion établie entre la possession et la saisine, puis entre la *saisine de droit* et la *vraie saisine*, est l'origine de la confusion faite par les anciens jurisconsultes entre la tradition réelle du droit romain et la tradition symbolique du droit germanique.

XVII. La participation du seigneur aux aliénations du domaine utile, après avoir été généralement requise pour la validité de l'acte, n'a plus été conservée que dans un petit nombre de coutumes et a fini par être convertie en simple mesure de publicité.

XVIII. Il y a une relation étroite entre les origines de la constitution politique des communes et les origines de la constitution civile de leurs propriétés. Dans les communes jurées, l'allodialité doit être présumée. Les communautés d'*hommes de poeste* n'ont, au contraire, généralement possédé originairement qu'en vertu de concessions à titre précaire et révocable.

DROIT CRIMINEL.

XIX. Les actes émanés d'une personne en état d'interdiction légale sont tous frappés d'une nullité absolue.

XX. Le Français qui s'est rendu coupable en pays étranger d'un crime contre un Français peut être poursuivi en France à son retour, bien qu'il ait été jugé et absous en pays étranger, s'il n'a dû son absolution qu'à l'absence de pénalité dans la loi étrangère ou à une prescription plus courte que celle admise en France.

DROIT DES GENS.

XXI. L'occupation ou prise de possession ne peut faire acquérir le domaine de souveraineté sur des territoires inoccupés qu'à charge d'être notifiée et rendue publique par voie diplomatique.

XXII. Le bénéfice de l'article 2 de la loi du 14 juillet 1819 peut être invoqué en France par un étranger appartenant à un pays qui n'exclut pas les Français du droit de succession.

Approuvé,
Le Président de la thèse :
ORTOLAN.

Vu par le doyen :
PELLAT.

Permis d'imprimer,
Le Vice-recteur :
ARTAUD.